슈뢰딩거 나의 세계관

Meine Weltansicht

목차

무엇이 실재인가? (1960년)

일러두기

- 이 번역은 2013년 서울대학교 철학사상연구소의 지원을 받아 수행된 연구임.

- 번역에 사용한 판본은 다음과 같다.

  Erwin Schrödinger, *Mein Leben, meine Weltansicht*, 4th ed., München: Deutscher
     Taschenbuch Verlag, 2011.

  Erwin Schrödinger, *My View of the World*, trans. by Cecily Hastings, Woodbridge,
     Connecticut: Ox Bow Press, 1983.

머리말

여기 처음 출판하는 두 논문의 집필 시기에는 35년의 격차가 있다. 조금 더 긴 첫 번째 논문(〈길을 찾아서〉)은 막스 플랑크의 후임으로 베를린 훔볼트 대학교 교수에 임명되기 직전에 썼다. 오늘날 파동역학이라고 불리는 학문이 내 관심을 한동안 송두리째 끌어당기기 시작하기 몇 달 전이었다. 조금 더 짧은 두 번째 논문(〈무엇이 실재인가?〉)은 빈 대학교에서 퇴직하고 2년 후에 썼다. 두 논문의 주제는 서로 밀접히 연관된다. 그리고 물론 이 논문들은 두 집필 시점 사이에 내가 공공연하게 주장해 온 여러 생각과도 연관을 맺고 있다.

　많은 독자들이 '나의' 세계관에 관심이 있을 것이라고 생각한다면 주제넘지 않을까? 그러나 여기 대해서는 내가 아니라 비평가들이 판단해 주리라. 하지만 진짜 오만은 대개 점잖고 겸손한 척하는 태도 뒤에 숨어 있다. 나는 그러지 않으려고 한다. 어쨌든(헤아려 본 바에 따르면) 이 두 논문은 총 2만 8천에서 2만 9천 단어쯤되는데, 세계관에 대한 글치고는 그리 많은 분량은 아니다.

한 가지 비난은 면할 수 없으리라. 왜 이 논문들에서 비인과율, 파동역학, 불확정적 관계, 상보성, 팽창하는 우주, 연속 창조 등에 대해서는 한마디도 하지 않느냐는 것이다. 대체 이 사람은 왜 자기가 아는 일에 대해서는 일언반구도 하지 않고 철학 전공자들 일에 끼어든단 말인가? "구두장이여, 신발 이야기만 하라Ne sutor supra crepidam." 여기에 대해서는 기꺼이 변명하련다. 내가 보기에는 내가 하는 이런 이야기들은 요즘 사람들이 흔히 생각하는 것처럼 꼭 철학적 세계관에만 관련되는 것은 아니다. 몇몇 본질적 대목에서 막스 플랑크와 에른스트 카시러도 나와 같은 의견이라고 여긴다. 1918년 서른한 살이던 나는 (가이틀러Josef Geitler의 후임으로) 체르노비츠 대학교 이론물리학 교수로 초빙될 전망이 꽤 높았다. 그래서 성실하게 이론물리학을 강의할 준비를 했는데, 처음에는 전쟁 중 돌아가신 흠모하는 스승 프리츠 하제뇌를Fritz Hasenöhrl의 탁월한 강의들을 모범으로 삼았다. 그뿐 아니라 철학도 연구하기 시작해서, 스피노자, 쇼펜하우어, 마흐, 제몬Richard Semon, 아베나리우스의 저작에 침잠했다. 그러나 나의 수호천사가 중간에 끼어들었다. 체르노비츠가 이제 우리 오스트리아 땅이 아니게 된 것이다.[1] 그래서 내 기획은 수포로 돌아갔다. 나는 그저 이론물리학에 머물러야 했다. 그리고 나로서는 의외이지만 때때로 거기에서 소기의 성과도 거두었다. 그러니 이 소책자는 사실 아주 오래 품어 왔던 나의 소망을 실현하는 것이다.

1960년 7월 알프바흐에서

에르빈 슈뢰딩거

---

1) (역주) 오스트리아-헝가리 제국에 속하던 체르노비츠는 1918년 1차 세계대전 종전과 더불어 제국이 붕괴한 후 루마니아에 귀속되었으며 현재는 우크라이나 영토(체르니우치)이다.

길을 찾아서
(1925년 가을)

나는 수수께끼에서 다른 수수께끼들로 나아가건만
그들은 진리를 아주 정확히 알고 있다.
-그릴파르처

1장

형이상학 일반

칸트가 그랬던 것처럼 온갖 이론적theoretisch 형이상학을 일소하는 일은 비교적 쉽다. 아주 가볍게 입김을 불기만 해도 뒤집어지니까. 입김을 부는 데에 허파 힘이 그렇게 셀 필요도 없다. 이렇게 케케묵은 사상누각에 입김을 불기 위해 필요한 것은 차라리 커다란 용기이다.

그러나 그렇게 했다고 해서 인간의 지식이 지닌 경험적 내용들로부터 형이상학을 제거하는 데 정말 성공했다고 믿으면 안 된다. 어떤 분과 학문 중에서 아무리 작은 범위의 특수 분야에 있어서도, 형이상학을 완전히 **배제**한 채 알기 쉽게 서술하는 일은 어마어마하게 힘들다는 것을, 어쩌면 전혀 불가능하다는 것을 우리는 알게 될 것이다. 이처럼 형이상학을 배제한다는 것은 가령 (아주 조야한 예를 하나 든다면) 지금 당신 앞에 놓인, 검은 점들이 들러붙은 수많은 목재 펄프시트들, 즉 바로 이 책이 이런 물리적 의미 이상의 (즉, 물리적 의미를 초월하는) 어떤 의미를 지니고 있다는 것을 그저 당연하다는 듯이 도외시하는 일이다.

아니면 이 문제를 좀 더 깊이 이해하기 위해서, 키르히호프와 마흐가 물리학(혹은 자연과학 일반)의 과제를 다시 정의한 것을 처음 이해했을 때 누구나 느꼈을 느낌, 그 두렵고 근심스럽기까지 한 황량함과 공허감을 떠올려 보자. 그들은 이런 학문의 과제가 사실들을 되도록 완전하게, 되도록 사유경제 원리[2]에 부합하도록 기술하는 것이라고 생각했다. 이론을 중시하는 지성이라면 이처럼 새로운 정의에 대해 매우 단호하게, 아니 커다란 희열에 빠져 동의를 보내겠지만, 그래도 공허감은 어쩔 수 없다. (한번 충실하고 성실하게 검토해 본다면) 실상 우리 눈앞의 이러한 목표**만으로는** 어떤 분야의 연구도 진전시키기가 힘들다. 형이상학을 정말로 지양한다면, 예술 **그리고** 학문은 영혼을 잃고 앙상한 해골로 전락하며, 아무리 사소한 발전조차 이룩할 수 없게 된다.

---

2) (역주) 과학은 최소의 개념이나 법칙으로 최대의 사실을 기술해야 한다는, 마흐나 아베나리우스 등 경험비판론의 이념.

그러나 이론적 형이상학은 지양**되어 왔다.** 이 대목에서 칸트가 내린 판결에 대해서는 항소가 불가능하다. 칸트 이후 (아마 지금까지도) 철학에서 형이상학은 지독한 고통에 몸을 비비 꼬면서 빈사 상태에 **빠져** 있다.

자연과학의 관점에서 이야기하면, 내게는 칸트 이후에 어마어마하게 어려운 과제가 나타난 것처럼 보인다. 그 과제는 자연과학의 개별 분야에서 진리로 간주하는 사실들을 서술하는 데 형이상학이 영향을 미치지 못하도록 장벽을 하나하나 쌓아 형이상학을 몰아내는 것이며, 이와 동시에 형이상학을 보편적 인식 **그리고** 개별적 인식의 필수불가결한 버팀목으로 유지하는 것이다. 언뜻 보기에 모순처럼 보이는 이것이 바로 문제이다.

이렇게 비유할 수도 있으리라. 우리는 지식의 도정에서 앞으로 나아가면서 마치 저 뿌연 안개 속에서부터 우리에게 뻗치는 것처럼 보이는 형이상학의 보이지 않는 손에 의해 **인도받아야 한다.** 하지만 그 부드럽고 자상한 손에 유혹받아 길에서 벗어나 저 깊은 낭떠러지로 떨어질 수 있음을 또 매 순간 주의하고 명심해야 하는 것이다.

또 다른 비유를 들어 보자. 지식을 군대라고 하면 형이상학은 선두에 선다. 미지의 적국으로 돌입할 때 맨 앞에 보내는 선봉대와 같다. 없어서는 안 된다. 그러나 지극히 위태로움을 누구나 잘 알고 있다!

달리 표현해 보자. 형이상학은 지식의 집에 속하는 것이 아니라 나무로 만든 비계飛階와 같다. 집을 계속 짓기 위해 꼭 필요한 어떤 것이다. 어쩌면 이렇게 말해도 좋으리라. 형이상학은 점차 발전하면서 물리학으로 **변신한다**. 물론 칸트 **이전**에 생각했던 그런 의미에서는 아니다. 다시 말해, 처음에는 불확실하던 견해들을 차츰 확고히 함으로써 그렇게 되는 것이 **결코 아니다**. 오히려 철학적 입장을 해명하고 철학적 입장을 **변화**시킴으로써 그렇게 되는 것이다.

우리는 형이상학의 사망 선고를 어떤 식으로 감수해야 하는가? 이러한 물음이 더욱 심각하고 어려워지는 것은, 우리가 순수 인식이라는 영역을 벗어나 문화 전반으로, 따라서 윤리적 문제들로 시선을 향할 때이다. 알다시피 이런 문제들에 대해 가장 명료하게 자각한 사람은 칸트 자신이었다. 그의 두 번째 이성 비판, 즉 《실천이성비판》은 바로 그래서 생겨났으니까.

서양은 지난 19세기에 엄청난 발전을 이룩했는데, 이 발전은 매우 특수한 **하나의** 방향을 향했다. 그것은 시간과 공간 안에서 일어나는 자연현상들의 토대를 매우 포괄적으로 인식하는 것(물리학과 화학)이고, 여기에 기초하여 인간 의지가 영향을 미치는 범위를 확대하는, 환상적일 만큼 풍부한(가장 광의의) '메커니즘들'을 형성하는 것(기술)이다. 여기에서 명확하게 해 둘 필요가 있다. 나는 **이것**을, 그중에서도 특히 기술을 이 시대에 유럽에서 일어난 일들 중 가장 의미심장한 일이라고는 전혀 생각하지 않는다. 기술의 시대로 자칭하곤 하는 이 시대가 언젠가 그 가장 찬란한 빛과 가장 깊은 그늘을 모두 포함하여, 진화 사상(진화론)의 시대 그리고 예술 몰락의 시대라고 불릴 공산이 크다고 생각한다. 그러나 이는 부차적 문제일 뿐이다. 여기에서는 **지금 이 순간** 가장 막강한 힘을 발휘하고 있는 것을 다루고자 한다.

이러한 국부적 '상피병象皮病'3)에 걸린 탓에, 문화와 지식 그리고 서양인의 마음에 있어서, 다른 발전 방향들은 소홀하게 되었다. 아니, 이전보다 오히려 영락하게 되었다. 심지어 마치 어떤 기관 **하나**가 엄청나게 발달하면서 다른 기관들에 아주 직접적으로 해로운 영향을 끼치고 퇴화시키는 것처럼 보이기까지 한다.

자연과학은 수백 년 동안 매우 치욕스럽게 교회의 종으로 살았지만, 이제 교회의 목을 베었다. 자연과학은 자신이 지닌 성스러운 권리와 거룩한 소명을 자각하면서 자신을 괴롭히던 자에게 증오에 찬 공격을 세차게 가했다. 하지만 자연과학이 유념하지 않은

---

3) (역주) 사상충 등의 세균 감염으로 피부와 피하 조직에 림프가 정체하며 결합 조직이 증식하여 환부가 부풀어 올라 코끼리 피부처럼 되는 병.

점은 교회가 (물론 충분하지 못했고 심지어 의무를 저버리기도 했지만 그래도) 선조의 성스러운 재보를 지키는 유일한 수호자였다는 사실이다.

태고의 인도에서 나타난 지혜의 불꽃은 부지불식중에 천천히 거의 다 꺼져 버렸다. 요르단 강 변에서 저 놀라운 랍비가 다시 타오르게 했던 저 불꽃, 중세의 캄캄한 밤에도 우리를 비추었던 저 불꽃이 꺼져 버렸다. 저 그리스의 태양이 **부활**하여 그 빛이 우리가 오늘날 맛보는 과실들이 무르익게 했었지만, 이제 그 빛마저 흐려졌다. 이제 사람들은 이런 일들에 대해서는 어렴풋이 알지도 못한다. 대부분의 사람들은 의지할 곳도 없고 인도받을 곳도 없다. 유일신도 믿지 않고 여러 신도 믿지 않는다. 교회는 다만 정당으로 여기며 도덕은 성가신 제약으로 여긴다. 이런 도덕을 오랫동안 받쳐 주었던 것은 도깨비 신앙4)인데, 이제 이런 것은 불가능해졌고, 따라서 도덕도 발판을 **송두리째** 잃어버렸다. 그러니까 전반적으로 격세유전5)이 나타났다. 다시 말해, 서양인은 제대로 극복하지 못한 이전 발달 단계들로 완전히 퇴행할 위험에 처한 것이다.

---

4) (역주) 나쁜 사람에게 벌을 준다는 민간신앙으로, 여기에서는 종교 일반을 의미한다.

5) (역주) 생물의 계통발생에서 돌연변이 등을 통해 몇 세대 전의 선조의 형질이 재발하는 현상인데, 저자는 이 개념을 생물학을 넘어 더 광의로 사용하고 있다.

야만적이고 거리낌 없는 이기주의가 웃으며 머리를 쳐들었다. 그리고 우리 종의 오랜 습성을 통해 단련된 저 무지막지한 주먹이 이제 항해사가 사라진 배의 키를 대신 잡았다.

2장
암울한 대차대조표

지난 천오백 년 동안 서양의 사유가 낳은 이론적이고 실천적인 최종 성과를 개관해 보면, 썩 고무적이지는 않다. 서양의 지식이 낳은 최종 결론은 모든 초월자를 영구적으로 제거한다는 것인데, 이런 결론은 원래 겨냥했던 영역, 즉 **지식**의 영역에서 참으로 관철될 수는 없는 것이다. 그것은 우리가 이 영역에서 형이상학의 인도에서 벗어날 수 없기 때문이고, 우리가 그럴 수 있다고 믿는 경우에도 대개의 경우 종래의 통 큰 형이상학이 지닌 오류들 대신에 한층 소박하고 소심한 오류를 무수하게 낳을 뿐이기 때문이다. 이에 반해, **삶**의 영역에서는 형이상학으로부터의 **실천적** 해방이 지적인 중산층에서부터 시작되었다. 고귀한 자유의 사도들(무엇보다

계몽철학자들과 칸트)이라도 이런 현상을 목도한다면 몸서리를 칠 것이다. 이미 여러 사람이 지적했듯 이런 상황은 고대 말기와 끔찍할 만큼 닮았다. 종교와 윤리가 전반적으로 결핍되었다는 점에서만 그런 것이 아니다. 실용적 지식이라는 영역에서 여러 견해가 계속 변화함에도 불구하고 적어도 실용적 지식의 보편적 형식과 토대에 있어서는 굳건하고 안전한 궤도에 들어섰다고 믿는다는 바로 그 점에서도 두 시대는 닮은 것이다. 그러한 보편적 형식과 토대는 고대에는 아리스토텔레스 철학이었고 오늘날에는 근대 자연과학이다. 이런 비교가 사실이라면, 근대 자연과학에는 불길한 일이 아닐 수 없다! 그러므로 이런 일을 꼼꼼히 살펴본 후손인 우리가 이처럼 어마어마한 고대의 채무를 상속하겠다고 선언하고 이런 사유의 길을 계속 따라갈 용기가 꺾인 것도 놀랄 일은 아닐 것이다! 그 길은 2천 년 만에 다시 한 번 우리를 파산으로 이끌 것이 분명하기 때문이다.

이러한 보편적 관계가 어떤 성격을 지니는가에 대해 철학은 오래전부터 연구해 왔다. 하지만 이러한 성격을 깊이 파고들려 할수록 우리는 그로부터 고무되기는커녕 그에 대해 어떠한 진술도 하기를 주저하게 될 것이다. 왜냐하면 이러한 성격을 깊이 파고들수록 이에 대한 **모든 진술**의 불명료성, 부적합성, 오류, 편파성을 더욱 명료하게 깨닫게 되기 때문이다. (이러한 **부정적** 태도가 가장 뚜렷하게 나타나는 것은 바로 불교의 지혜이다. 이런 태도를 상징적으로 표현하고자 한 불교에서는 가령 다음과 같이 모순적으로 진술했다. 어떤 사물은 A도 아니고 A가 아님도 아니다. 그렇다고 해서 그것이 'A도 아니고 A가 아님도 아님'은 아니며, 'A이고 동시에 A가 아님'이라고 말할 수도 없다.)

고대 철학이나 근대 철학에 대한 소위 객관적이고 역사적인 서술들을 살펴보면, 다음과 같은 불쾌하기 짝이 없는 말을 끊임없이 듣게 된다. 즉 갑은 이러한 견해를, 을은 저러한 견해를 '대표'했다. **이 사람은** 무슨 주의자이고 저 사람은 또 무슨 주의자이다. 그는 이 체계 혹은 저 체계를 신봉한다. 혹은 부분적으로는 이 체계를, 부분적으로는 저 체계를 신봉한다. 이렇게 여러 견해를 대조하는 사람들은 항상 이런 견해들이 마치 **같은** 대상에 대한 서로 **다른** 견해인 양 여긴다. 그런데 이렇게 되면 우리는 이러한 서술 탓에 어쩔 수 없이 두 사상가 중에서 한 사람을, 혹은 두 사람 모두를 미쳤다고 여기거나, 적어도 판단력이 전무하다고 여기게 된다. 그러면 후세와 우리 자신은 그런 얼간이들이 아무렇게나 내뱉은 객담을 경청할 가치가 있다고 여긴 이유가 대체 무엇인지 종종 어리둥절하게 된다. 그러나 실상 적어도 대다수 사례에서는, 그런 견해들은 탁월한 사고력을 지닌 사람들이 건전한 근거를 가지고 확신했던 견해들이다. 그러므로 그들이 서로 다른 판단을 내린 이유는 그 대상이 다르기 때문이라고, 아니면 적어도 대상 중의 아주 다른 **측면**이 그들의 성찰 속에서 각각 다르게 **부각**되었기 때문이라고 믿어도 좋으리라. [고대 철학이나 근대 철학에 대한 소위 객관적이고 역사적인 서술들을 넘어서는]⁶⁾ 비판적 서술이라면 모름지기 **대립**을 강조하기보다는 이런 다른 측면들을 하나의 전체상으로 결합하려 애써야 한다. 물론 그렇다고 해서 적당히 타협해서는 안 된다. 그러한 타협을 통해서는 언제나 모호한 진술, 그래서 애당초 틀릴 수밖에 없는 진술만 나타나기 때문이다.

진정 어려운 점은 이것이다. 말하고 들을 수 있는 **언어**를 가지고 생각을 표현하는 일은 누에의 작업에 비견된다. 이러한 [실을 잣는] 형상화를 통해 재료는 비로소 가치를 얻는다. 그러나 [일단 형상화된] 재료는 햇볕 아래 뻣뻣해지고 이전과 달라지며 더는 변형할 수 없게 된다. 물론 그 덕분에 우리는 동일한 생각을 내키는 대로 쉽게 다시 불러올 수 있을 것이다. 하지만 그 생각을 다시는 그 전처럼 생생하게 체험할 수는 없으리라. 그래서 가장 궁극적이고 가장 심오한 통찰은 언제나 "너무 훌륭하여 말로 옮길 수 없다 voce meliora."⁷⁾ 이는 앞으로도 늘 그럴 것이다.

---

6) (역주) 이하 원문 이해를 돕기 위해 옮긴이가 본문 중 삽입하는 내용은 각괄호([ ]) 안에 넣는다.

7) (역주) 쇼펜하우어에 따르면(《충족이유율의 네 겹의 뿌리에 관하여Über die vierfache Wurzel des Satzes vom zureichenden Grunde》) 아풀레이우스가 남긴 경구로, 그대로 옮기면 '말보다 나은' 정도의 의미이다.

3장

철학적 경이

에피쿠로스는 모든 철학이 타우마제인Θαυμάζειν, 즉 철학적 **경이**에서 시작한다고 말한 적이 있는데, 옳은 말이다. 우리가 지금 처해 있는 어떤 상황이 매우 독특하고 기이함을 어떤 식으로든 한 번쯤 의식하지 못한 사람이라면 철학과 어떠한 관계도 맺지 못한다. 덧붙이자면, 그렇다고 해도 크게 애석한 일은 아니다. 비철학적 태도와 철학적 태도는 매우 엄격하게 구별된다(그래서 그 중간 형태란 거의 없다). 이 중 비철학적 태도는 일어나는 모든 사건들에 있어 그것들의 보편적 형식이 자명하다고 받아들인다. 이런 태도에서 놀라움을 느끼는 경우는 기껏해야 어떤 사건의 특수한 내용들 때문이다. 가령 **오늘 여기에서** 일어난 일의 내용이 어제 저기에서 일어난 일의 내용과 다르기 때문이다. 이에 비해 철학적 태도는 사건의 매우 보편적인 특성, 모든 체험이 지닌 **공통적** 특성에 대해서, 심지어 **대체 그 사건이 체험되고 존재한다는 사실 그 자체**에 대해서, 처음으로 그리고 가장 깊은 곳으로부터 놀라움을 느낀다.

내가 볼 때, 이런 두 번째 종류의 경이가 정말로 일어난다는 사실은 의심할 여지가 없다. 그리고 이러한 경이는 그 자체가 매우 경이로운 일이다!

이러한 경이 자체가 경이로운 이유는, 경이 혹은 놀라움은 어떤 현상이 **익숙한** 것에서 **벗어날 때**, 혹은 그 어떤 연유로 **예상한 것**에서 **벗어날 때 비로소** 나타나는데, 이 세계 전체는 우리에게 단하나만 주어져 있으므로 이와 비교할 대상이 전혀 없기 때문이다. 따라서 우리는 대체 어떻게 특정한 **예상**을 품고 이 세계를 마주할 수 있는지 전혀 알 수 없다. 그럼에도 불구하고 우리는 경이를 느끼고 수수께끼에 직면한다. 이렇게 경이를 느끼려면 현상이 원래 어때야 하는지에 대해 말할 수 있어야 하고, 수수께끼에 직면하려면 이 세계가 원래 어때야 하는지에 대해 말할 수 있어야 하는데도 말이다!

아마 이처럼 이 세계와 **비교할 대상이 없다는** 사실은 타우마제인에 대해 일반적으로 생각할 때보다, 철학적 **낙관주의와 비관주의**라는 현상을 대조해 보면 더 실감 날 것이다. 알다시피 매우 저

명한 철학자 중에서 (쇼펜하우어 같은) 어떤 사람들은 우리 세계가 지극히 악하고 비극적이라고 선언했고, (라이프니츠 같은) 어떤 사람들은 우리 세계가 상상 가능한 세계들 중에서 최선의 세계라고 선언했다. 하지만 평생 고향을 떠나 보지도 않은 사람이 고향 기후가 너무 덥다거나 너무 춥다고 말한다면, 우리는 대체 이에 대해 무어라 말하겠는가?

[세계에 대한] 이러한 가치 평가나 경이감이나 수수께끼 인식과 같은 현상들은 경험의 어느 특정 측면이 아니라 경험 전체에 대한 것인 데다가, 결코 얼간이가 아니라 뛰어난 지성을 지닌 사람들에게 떠올랐던 것이다. 내가 보기에 이런 현상들이 암시하는 것은, 적어도 지금까지는 형식논리학에 의해서 파악되지 않았고 하물며 정밀 자연과학에 의해서는 더욱 파악되지 않았던 어떤 관계들을, 그 보편적 형식조차 파악되지 않았던 어떤 관계들을 우리 체험에서는 만난다는 사실이다. 이런 관계들은 우리로 하여금 늘 새로이 형이상학을 지향하도록, 다시 말해 직접 경험 가능한 것을 넘어서 나아가도록 할 것이다. 아무리 우리가 (칸트의) 유효한 서명이 담긴 형이상학 사망증명서를 손에 쥐고 있어도 이런 일은 어쩔 수 없이 일어난다.

4장

문제: 자아 – 세계 – 죽음 – 다수성

육체를 집 삼아 살고 있고, 죽으면 육체에서 퇴거하며, 육체 밖에서도 존재할 수 있는 **영혼**이라는 표상은 너무 소박하고 유치한 사변이다. 그러므로 별도의 토론 없이 옆으로 제쳐 두기로 애초부터 합의하자. 그러면 내 생각에는 **유일한** 문제까지는 아니더라도 핵심적 문제가 하나 나타나는데, 그것을 해결하기 전에는 형이상학으로 나아가려는 충동은 끝끝내 가라앉을 수 없다. 이 문제는 다음과 같이 아주 간략히 서술할 수 있다.

우리가 살펴볼 다음 네 가지 물음에서 '예'와 '아니요'를 적절히 조합해 이들 전체에 대해 만족스럽게 대답할 수 없다. 오히려 이 물음들은 무한한 순환으로 나아갈 것이다.

1. 자아는 있는가?

2. 세계는 자아와 **나란히**nebst 있는가?[8]

3. 육체가 죽으면 자아는 그치는가?

4. 자아의 육체가 죽으면 세계는 그치는가?

먼저 자아가 있다고 인정해 보자. 그러면 모든 생리학 지식을 동원해 볼 때, 이 자아가 느끼는 모든 감각들이 **자기 신체**가 겪는 물질적 변용들과 어떤 내밀하고 필연적 연관을 지닌다는 점이 확실하다. 따라서 신체가 파괴되면 자아도 해소된다고 믿을 수밖에 없다. 나아가 **세계**가 자아와 **나란히** 존재한다고는 분명 인정할 수 없다. 왜냐하면 자아를 이루는 경험적 '요소들'과 세계를 이루는 경험적 '요소들'은 같기 때문이다. 다시 말해 세계라는 말이 지칭하는 것은 **모두** 자아를 이루는 바로 그 요소들로 이루어져 있기 때문이다. [그렇다면] 가령 세계라는 복합체는 확실히 자아의 한 부분이다. 그러나 자아의 육체라는 복합체는 세계라는 복합체의 한 부분이다. 그렇다면 세계는 세계의 작은 (게다가 개체 수가 무수한) 한 부분[즉 자아의 육체]을 파괴하기만 해도 완전히 사라질 것이다. 무섭고 터무니없다![9]

---

8) (역주) 영역본에서는 '세계는 자아의 외부에outside 존재하는가?'로 의역했다.

9) (역주) 이 문단의 복잡한 논리 구조는 다음과 같이 재구성할 수 있다.

이에 비해 **오직** 세계만을 인정한다면, 자기 신체가 파괴된다고 해서 세계도 사라질 이유는 물론 사라진다. 그러나 그러면 한 가지 역설이 나타난다. 이 역설의 진가를 알아본 것은 지금까지 인도의 상키야Sāṃkhya 철학밖에 없었다고 생각한다.

---

1. 자아는 있다. (전제-물음 1 긍정)
2. 자아가 있다면, 신체가 없어지면 자아도 없어진다.
(자아/신체의 결합이라는 생리학 지식에 의거)
3. 신체가 없어지면 자아도 없어진다. (1, 2에 의거-물음 3 긍정)
4. 자아가 있다면, 세계는 자아와 나란히 있지 않다. (자아 요소/세계 요소의 동일성에 의거)
5. 세계는 자아와 나란히 있지 않다. (1, 4에 의거-물음 2 부정)
6. 세계가 자아와 나란히 있지 않다면, 세계는 자아의 부분이다. (암묵적 전제)
7. 세계는 자아의 부분이다. (5, 6에 의거)
8. 전체가 없어지면 부분도 없어진다. (암묵적 전제)
9. 자아가 없어지면 세계도 없어진다. (7, 8에 의거)
10. 신체가 없어지면 세계도 없어진다. (3, 9에 의거-물음 4 긍정)

슈뢰딩거는 네 가지 물음에 대해 각각 대답하면서도 결론에 대해 "무섭고 터무니없다"라고 말한다. 신체가 파괴되면 세계도 파괴되니 분명 무서운 일이다. 하지만 왜 터무니없는가? 이는 다음과 같은 암묵적 논리가 모순으로 귀결되기 때문으로 보인다.

11. 부분이 없어져도 전체는 없어지지 않는다. (암묵적 전제)
12. 신체는 세계의 부분이다. (전제)
13. 신체가 없어져도 세계는 없어지지 않는다. (11, 12에 의거)
14. 10과 13은 모순이다.

이 모순은 한편으로는 세계가 자아의 부분이라고 보면서도 다른 한편으로는 자아(의 육체)가 세계의 부분이라고 보는 데서 나오는 듯하다. 다만 이는 옮긴이가 재구성한 것으로서, 그 전제들의 진리성과 논리의 타당성, 그리고 이에 기초한 논증 전체의 건전성 여부에 대해서는 독자들의 판단에 맡긴다.

두 개의 신체인 갑과 을이 있다고 치자. 갑을 어떤 외적인 상황으로 데려가면 어떤 이미지가 보이는데, 가령 정원 풍경이 보인다고 하자. 한편 을은 캄캄한 방에 있다. 이제 갑을 캄캄한 방에 넣고 을은 갑이 있던 상황으로 데려가면, 정원 풍경은 전혀 보이지 않고 완전히 캄캄해진다(갑은 나의 신체이고 을은 다른 사람의 신체이기 때문이다!). 여기에서 나타나는 모순은 명백하다. [오직 세계만을 인정하고 자아를 인정하지 않는다면] 보편적이고 전체적으로 고찰할 때, 이런 현상이 나타날 충분한 이유가 **없기** 때문이다! 저울이 양쪽 접시에 똑같은 무게를 싣고 있다면 그중 한쪽 접시가 내려갈 충분한 이유가 없는 것과 마찬가지이다. 그러나 이 **하나의** 신체는 그 밖의 많은 측면에서도 다른 신체들과 구별된다. 이 신체는 언제나 완전히 고유하고 매우 독특한 관점에서 보아진다. 이 신체는 마음대로 움직일 수 있는 유일한 신체이다(나중에 이러한 의지에 대한 분석으로 돌아올 것이다). 달리 말해 이 신체의 어떤 움직임들은 그것에 착수하는 순간에 거의 필연적 확실성으로 예견할 수 있으며, 이 신체는 이런 특징을 지니는 유일한 신체이다. 이 신체는 다치면 아픈 단 하나의 신체이다. 물론 우리는 이 신체의 어떤 한 가지 특징이 다른 특징들을 나타나게 하는 충분한 이유라고 생각할 수도 있겠다. 하지만 모든 신체들 중에서 **하나의** 신체가 이런 특성들의 **집합**을 지닌다는 사실, 그리고 이를 통해 **모든** 다른 신체들로부터 두드러진다는 사실 그 **자체**에 대해서는, 왜 그래야만 하는지 어떠한 이유도 알 수 없다. 물론 실재하며 지각 가능한 영혼으로서의 자아가 이 두드러진 신체, 공간적이고 물질적인 신체의 **안**에 들어 있다고 생각할 수도 있겠지만, 우리는 이러한 소박한 표상에 대해서는 애초부터 토의하지도 않고 거부하기로 했다.

아주 널리 알려진 다음과 같은 생각에서 우리는 (전혀 다른 관점에서이지만) 본질적으로 동일한 난점을 만난다. 사실 진정한 철학적 문제라면 (전부는 아니라도) 대부분 이 핵심적 지점에 수렴하는 것이다.

임의의 감각적 지각을 고찰해 보자. 가령 어떤 나무에 대한 감각적 지각을 들어 보자. 수많은 철학자들이 나무에 대한 인간의 지각을 나무 자체와, 혹은 '즉자적' 나무와 구별해야 한다고 단언했다. 그러면서 이유로 드는 것은 다음과 같은 보다 소박한 입장이다. 즉 보는 사람 안으로 들어오는 것은 나무 자체가 아니라 다만 나무로부터 나오는 어떤 작용들뿐이라는 입장이다. 아마 다소 진보한 입장으로부터 이런 주장을 지지할 수도 있을 것이다. 오늘날 우리는 나무를 보는 사람의 중추신경계 안에서, 그 자체로는 우리에게 전혀 알려지지 않는 어떤 신경적 사건들이 일어날 때면 언제나 그리고 오직 그때에만 나무가 보이고 지각된다고 확고하게 인정하기 때문이다. 하지만 이런 신경적 사건들에 대해 확실하게 말할 수 있는 점은, 우리가 이런 사건들에 대해 정확히 안다면 **이런 사건들**을 나무라고 부르지 않을 것이며 나무에 대한 지각이라고도 부르지 않을 것이며 지각된 나무라고도 부르지 않을 것이라는 사실이다. 그렇다면 우리가 가령 (감각과 사고의 직접적 토대인) 저 신경적 사건들을 지각한다고 말하는 것이 옳은가? 아마 옳지 않으리라. 만일 그것이 옳다면, 우리는 저 사건들에 대해 이처럼 절망적 무지라는 개탄스런 상태일 리가 없기 때문이다. 그렇다고 하면, 우리가 지각하는 것은 **무엇**인가? 달리 말해 앞서 나무 자체와 구별했던 나무에 대한 지각은 어디에 있는가?

이러한 난점에서 벗어나는 매우 근본적이면서도 단순한 출구를 찾아낸 사람들은 주지하다시피 마흐, 아베나리우스, 슈페Wilhelm Schuppe 등이었다. 이 출구는 예컨대 다음과 같다. 칸트는 '나무 자체'는 (영국 철학자들이 이미 알고 있었듯이) 색깔도 냄새도 맛도 없으며, 나아가 그 어떤 측면에서도 우리가 경험할 수 없는 물자체物自體의 영역에 전적으로 속한다고 밝혀냈다. 그 이후로 우리는 단호히 선언할 수 있게 되었다. 우리는 이 물자체에 관심이 없으며, 물자체는 (필요하다면) **도외시**하겠다고. 그렇다면 우리의 관심을 끄는 것들의 영역에서, 나무는 어쨌든 단 **하나만** 주어진다. 그리고 우리는 이 **하나의 소여**所與[10]를 나무라고 부를 수도 있고 나무에 대한 지각이라고 부를 수도 있다. 다만 전자의 표현이 더 짧기 때문에 추천하는 것이다! 그러니 이 **하나의** 나무가 우리에게 주어지는 유일한 것이다. 그것은 물리학에서 말하는 나무이고 **동시에** 생리학에서 말하는 나무이다. 우리가 앞에서 언급했듯이, 자아를 구성하는 **요소들**과 외부 세계를 구성하는 **요소들**은 동일하다. 이 동일한 요소들이 서로 다른 복합체 안에서 때로는 외부 세계의 구성 요소들(사물들)이라고 불리기도 하고, 때로는 자아의 구성 요소들(감각과 지각)이라고 불리기도 하는 것이다. 이것이 앞서 언급한 사상가들이 자연적 세계 개념의 회복이라거나 소박한 실재론의 증명이라고도 불렀던 것이다. 이를 통해 수많은 가짜 문제들이 제거되었다. 특히 뒤부아레몽Emil Du Bois-Reymond이 설파한 저 유명한 '원칙적 무지ignorabimus' 명제, 즉 원자들의 운동으로부터 감각과 의식이 어떻게 발생할 수 있는지 우리는 알 수 없다는 명제가 그러하다.

그러나 만일 내가 이 나무 앞에 혼자 있는 것이 아니라 다른 사람 몇 명과 함께 있다면, 그리고 의사소통을 통해서 우리 모두 이 나무를 같은 방식으로 지각하고 있음이 충분히 확실하다면 어떻겠는가? 그러면 나는 수적으로는 단 **하나**인 이 요소 복합체(즉 나

---

10) (역주) '주어진 것' 혹은 '나타나는 것'이라는 의미로서 흔히 색깔, 모양, 소리 등의 '감각자료'를 뜻한다. 우리는 이러한 소여를 토대로 하여 '나무' 등의 대상을 인식한다.

무)가 동시에 여러 의식들의 구성 요소라고, 동시에 여러 자아에 속한다고, 여러 자아에게 **공통적**이라고 가정해야 하리라. 여기서 유념할 점은, 그것이 그저 지각의 공통적 **대상**이라는 말이 아니라, **지각의 공통적 구성 요소**라는 말이다. 그리고 실상 앞서 언급한 사상가들 중 누구도 이러한 (일견) 기이한 결론을 피하지 않았다. 예를 들어 마흐는 이렇게 말했다. "나의 감각과 다른 사람의 감각 사이에 본질적 차이는 없다."(《지각의 분석*Analyse der Empfindungen*》 제3판, 274쪽)

"**동일한 요소들**(마흐 본인의 강조)이 수많은 연결점들, 즉 자아들에서 서로 연결된다." 아베나리우스도 이런 의미의 말을 했고, 슈페는 이를 특히 강조했다. 슈페는 이렇게 말한다. "내가 끊임없이 가장 강조하고자 하는 것은, 의식 내용 중 어떤 것은 이런 의미에서 주관적이지만 전부 그렇지는 않다는 점이다. 오히려 여러 자아의 의식 내용 중 일부는 질적으로 동일할 뿐 아니라 나아가 엄밀한 의미에서 그 자아들에게 공통적이다. 수적으로 하나의 동일자이고 공통적 내용이며 그래야만 한다."(아베나리우스, 《인간적 세계 개념*Der menschliche Weltbegriff*》 제3판, 155쪽)

우리 서양인은 이런 결론만 해도 (이것이 논리적으로 유일한 결론임에도) 매우 기이하게 느껴진다. 마흐와 아베나리우스가 소박한 실재론이라고 부르는 것으로부터 너무 멀어졌기 때문이다. 우리는 각 개인의 감각, 지각, 사유가 다른 사람의 감각, 지각, 사유로부터 엄격하게 분리된 영역에 속한다고 생각하고, 이 영역들이 공통으로 가지는 것이 전혀 없으며 서로 중첩되지도 않고 서로 직접적 영향을 미치지도 않고 오히려 서로를 절대적으로 배제한다고 생각하는 데 익숙하다(그러나 이는 사실 전혀 증명되지 않은 것이며, 가장 원초적인 일상적 경험에 의해 반증된다). 내 생각에 여러 개인에게 공통적인 의식 요소라는 관념은 그 자체로 전혀 자기모순이 아니고 이미 알려진 다른 경험적 사실들과 모순되지도 않는다. 오히려 이 관념을 통해 진정 소박한 인간 앞에 참으로 존재하는 저 사태가 매우 근원적으로 회복된다. 또한 가령 이른바 '외부 대상'에 의해 여러 사람들 안에서 '촉발된 감각적 지각들'에만 이러한 공통성이 있다고 하는 것은 너무 편협하다. 여러 사람들이 정말로 동일한 사물을 생각하고 있으며 이에 대해 의사소통한다면 이 생각은 **참으로** 공통의 생각이다(이런 일은 가령 과학에서보다 실생활에서 훨씬 자주 일어난다). 그리고 그것은 딱 **하나만** 존재한다. 생각하는 개인이 몇 명인지 헤아려서 그 생각되는 것이 **몇 개 존재하는지** 진술하는 것은 지극히 무의미하다.

앞에서 우리가 역설을 벗어났던 바로 그 지점에서 그 진정한 역설이 다시 나타난다. 자아라는 수많은 연결점들에서 서로 연결되는 요소들, 그 대부분이 자아들에 공통적인 요소라는 이 관념이 명석하고 훌륭하려면, 우리는 우리 자신이 참되고 독특한 자아가 없다고 생각해야 하기 때문이다. 우리는 가령 지상을 벗어난 신처럼 이 모든 것에 참여하지 않으면서 이 모든 것을 외부에서 서술하는 자여야 한다. 그러나 내 **자신**이 **이 자아들 중 하나**라는 사실을 상기하자마자, 그리고 이 요소 복합체 전체가 확고하고 지속적으로 늘 아주 비대칭적이고 자의적인 **단 하나**의 관점 속에서만 나타난다는 사실을 상기하자마자, 나는 대체 무엇 때문에 이 **하나의** 자리가 그렇게 특별한지를 물어야 한다. 이는 우리가 앞에서 이미 씨름했던 문제인 것이다.

5장

베단타의 근본 통찰

그리고 그대 정신의 저 높고 열렬한 비행에 대한

비유와 이미지는 충분하다.

－ 괴테

그렇다면 철학의 진정한 난점은 **직관하고 사유하는 개인들**이 공간적이고 시간적으로 **다수**라는 데 있다. 만일 모든 사건이 **하나**의 의식 안에서 일어난다면, 사태는 지극히 단순하리라. 그렇다면 주어진 무엇, 즉 단순한 소여가 있고, 이것은 (어떤 성질을 지니는지 막론하고) 우리가 지금 실제로 만나고 있는 이처럼 어마어마한 난점을 안겨 주지 않을 것이다.

나는 이 난점을 우리 지성의 연역적 사유를 통해서 논리적으로 해결할 수 있다고 생각하지 않는다. 하지만 이 해결책을 말로 표현하기는 퍽 쉽다. 우리가 지각하는 다수성은 **가상**일 따름이다. 그것은 **현실적으로 존재하는 것은 아니다.** 베단타Vedānta 철학에서 이는 근본 교설이며, 베단타 철학은 수많은 비유를 가지고 설명하려고 시도해 왔다. 그중 가장 매력적인 비유 중 하나는 수정의 비유이다. 수정은 하나의 대상에 대해 수백 개의 조그만 모상들을 보여 주지만, 그렇다고 해서 그 대상이 정말로 여러 개가 되는 것은 아니다. 오늘날 우리 합리적 인간들은 이처럼 이미지를 통한 비유를 타당하다고 여기는 데 익숙하지 않다. 우리는 논리적 연역을 고집한다. 그런데 논리적 사유는 현상의 토대(프랑스어로 'fond')를 논리적 사유로 포착하는 것이 거의 틀림없이 불가능함을 밝히는 정도까지는 할 수 있으리라. 왜냐하면 논리적 사유 자체가 현상의 한 부분이고 현상 안에 완전히 갇혀 있기 때문이다. 그래서 우리는 묻게 된다. 엄밀하게 타당성을 입증할 수 없다는 이유 때문에 이미지와 비유를 통해 사태를 통찰하는 일을 포기해야 하는가? 논리적 사유는 대개의 경우 우리를 어느 지점까지는 이끌어 가지만, 그다음에는 우리를 곤경 속에 내버려 둔다. 이러한 사유의 길들이 그 앞까지 이르렀지만 직접 들어갈 수 없는 영역이 있다면, 우리는 그 영역을 보충할 수 있을지도 모른다. 이때 그 사유의 길들은 더 이상 무한정 나아가는 것이 아니라 그 영역의 어느 핵심적 지점에서 서로 수렴할 것이다. 그럴 수 있다면, 우리 세계관은 매우 가치 있게 완성될 것이다. 이처럼 이 영역을 보충하는 일은 일단은 엄밀하고 명료해야 하지만, 이를 통해 완성된 세계관의 가치는 더 이상 그러한 엄밀함과 명료성에 의거해 평가될 수 없다. 자연과학에서 이런 식의 절차를 사용하는 사례는 수백 가지를 들 수 있고 이런 절차는 이미 오래전부터 정당하다고 승인되어 왔다.

뒤에서 우리는 베단타의 근본 통찰을 지지해 주는 버팀목 몇 가지를 도입하려 시도할 것이다. 그것도 주로 그런 근본 통찰로 수렴하는 몇 가지 현대적 사유의 길들을 보여 주는 방식으로 시도할 것이다. 우선 여기에서는, 그리로 이끌어 갈 수 있을 **체험**에 대한 구체적 이미지를 그리는 것을 허락하기 바란다. 바로 다음에 이야기할 사례의 초두에 나오는 특수한 상황은 모든 다른 상황들로 쉽게 대체할 수도 있으리라. 다만 유념할 점은 이 사태를 단지 지적으로 인식하는 것이 아니라 **체험**해야 한다는 사실이다.

당신이 알프스 고산 지대의 길섶에 있는 벤치에 앉아 있다고 상상하자. 주변은 풀 덮인 비탈이고 중간중간 바위가 솟아 있다. 저 건너 계곡 비탈에는 자갈이 많고 키 작은 오리나무 덤불이 듬성듬성하다. 계곡 양편에는 수풀이 우거진 가파른 산이 높이 솟았고 그 꼭대기에는 나무가 없는 목초지가 있다. 그리고 당신 앞에는 만년설이 덮인 거대한 산마루가 계곡 바닥에서부터 솟아올라 있다. 산마루의 눈 덮인 부드러운 허리 부분과 날카로운 암벽 부분이 이제 막 지는 햇빛을 받아 은은한 장밋빛으로 물들었고, 유리처럼 맑고 푸른 하늘과 아름다운 대조를 이룬다.

당신 눈이 보는 이 모든 것은 (우리에게 익숙한 견해에 따르면) 당신 **이전부터** 수천 년 동안 거의 변하지 않은 채 있어 왔다. (그리 오래지 않아) 잠시 후면 당신은 더 이상 존재하지 않을 테지만, 숲, 바위, 하늘은 당신 **이후에도** 변하지 않고 수천 년 동안 여전히 거기 있을 것이다.

당신을 그렇게 별안간 무로부터 불러내어 잠시나마 무심한 이 연극을 감상하도록 한 것은 무엇인가? 당신 존재의 모든 조건은 거의 이 바위만큼이나 오랜 것이다. 수천 년 동안 남자들은 분투하고 고뇌하고 아이를 만들었으며, 여자들은 산고 속에서 아이를 낳았다. 백 년 전에는 아마 다른 사람이 이 자리에 앉아서 당신처럼 경건하고 처연한 마음으로 저 만년설의 꺼져 가는 빛을 바라보았으리라. 그는 당신처럼 남자에 의해 만들어지고 여자에게서 태어났으리라. 당신처럼 고뇌를 느끼고 찰나의 기쁨을 느꼈으리라. 그는 다른 사람**이었나**? 당신이 바로 그가 아니었던가? 당신의 이 자아는 무엇인가? 이처럼 생식된 것이 **당신**이 되려면 어떤 다른 조건이 있어야 했는가? 다른 사람이 아니라 바로 **당신**이 되려면. 이런 '다른 사람'이라는 말은 대관절 명료하게 이해할 수 있는 어떤 의미, 어떤 **자연과학적** 의미를 가진단 말인가? 당신을 낳았던 여자가 다른 남자와 동침했더라면, 그리하여 그와 더불어 아들을 낳았다면, 혹은 당신 아버지가 그랬다면, **당신**은 생겨났을까? 아니면 당신은 그들 안에서, 당신의 아버지의 아버지 안에서, 이미 수천 년 전부터 살고 있었던가? 만일 그렇다고 쳐도, 그럼 당신은 왜 당신의 형제가 아니고, 당신의 형제는 왜 당신이 아닌가? 당신은 왜 당신의 먼 친척 중 하나가 아닌가? 객관적으로는 존재하는 것은 **동일**하건만, 당신이 이처럼 완강하게 당신 자신과 다른 사람 사이의 차이를 보도록 만드는 것은 무엇인가?

이러한 직관과 사유를 이어가다 보면 저 베단타의 근본 통찰이 불현듯 번뜩이는 일이 생길 수 있다. 이 통일체, 당신이 **당신의 것**이라고 부르는 인식과 느낌과 의지의 통일체, 그것이 그리 오래지 않은 과거에 어느 특정 순간에 무로부터 출현했을 리는 없다. 오히려 이러한 인식, 느낌, 의지는 본질적으로 영원하고 불변이다. 이는 모든 인간에게서, 나아가 감각을 가진 모든 존재에게서, 수적으로 오로지 **하나**이다. 그러나 스피노자의 범신론이 주장하듯이 당신이 어떤 영원하고 무한한 존재의 한 부분이고 한 조각이라는, 그 존재의 한 측면이고 한 변용이라는 **그런** 말은 아니다. 이런 말도 역시 납득할 수 없기 때문이다. 당신이 어느 부분이고 어느 측면이라는 말인가? 당신을 다른 것과 객관적으로 구별하는 것은 무엇인가? 그러니 이런 생각은 잘못이다. 상식적 이성으로는 납득할 수 없어 보인다고 해도, 당신은 (그리고 의식을 지닌 모든 존재 자체는) 모든 것 안에 있는 모든 것이다. 그래서 당신이 살아가는 당신의 이 삶은 또한 그저 세계의 사건 중 한 조각이 아니라, 어떤 의미에서는 세계의 사건 **전체**이다. 다만 이 전체는, **한 번**의 시선으로 개관할 수 있도록 만들어지지 않았다. 알다시피 이것을, 브라만교에서는 거룩하고 신비로우면서도 그리 단순하고 명료한 다음 정식으로 표현하는 것이다. 타트 트밤 아시tat tvam asi, 즉 그것이 바로 너이다. 혹은 이런 말로도 표현한다. 나는 동쪽에 있고 서쪽에 있으며, 아래에 있고 위에 있으며, **나는 이 세계 전체이다.**

그래서 당신이 땅과 하나이고 땅이 당신과 하나라고 확신하면서 당신은 땅에 몸을 던져 어머니 대지에 납작하게 몸을 댈 수 있다. 당신은 땅만큼 굳건하기에 부서지지 않는다. 아니, 땅보다 몇천 배 굳건하고 몇천 배 더 부서지지 않는다. 땅이 내일 당신을 삼켜 버릴 것이 확실하더라도, 땅이 당신을 다시 낳아 당신이 다시 분투하고 고뇌할 것도 그만큼 확실하다. 그것도 언젠가 그렇게 할 것이 아니다. 바로 지금, 오늘, 날마다 땅은 당신을 낳는다. **한 번**이 아니라 몇천 번에 몇천 번을 더해 당신을 낳는다. 그리고 매일 몇 천 번이나 당신을 삼킨다. 왜냐하면 오로지 **지금**만이 영원하고 늘 존재하기 때문이며, 이 단 하나의 똑같은 지금, 현재가 결코 끝나지 않는 유일한 것이기 때문이다.

(행동하는 개개인에게는 어쩌다가만 의식되는) 이러한 진리를 직관하는 것이야말로 윤리적으로 가치 있는 모든 행동의 토대이다. 이러한 진리를 직관한 고귀한 사람은 좋은 것이라고 알거나 믿는 어떤 목표를 위해서 자기 몸과 목숨을 그저 위험에 내맡기는 것이 아니다. (드물게 일어나는 일이지만) 자신을 구원할 가망이 전혀 없을지라도 평정한 마음으로 자기 몸과 목숨을 바치는 것이다. 이러한 진리를 직관한다면 (아마 더욱 드물게 일어나는 일이겠지만) 선한 일을 하는 사람은 내세의 보상에 대한 희망 없이도, 다른 사람의 고통을 누그러뜨리기 위해, 그 자신에게 없으면 고통스러울 어떤 것을 내놓게 되는 것이다.

6장

자연과학적 사유에 대한 대중적 소개

앞서 서술한 베단타의 근본 통찰 중에서 다음과 같은 견해는, 비록 대중적 성격을 지니는 불충분한 명제이기는 하지만 자연과학적으로 사유하는 현대인에게도 비교적 가장 쉽게 이해될 수 있으리라. 각 개인의 여러 조상은 생식을 통해 연달아서 태어나는데, 이러한 생식은 진정한 의미의 단절이 아니라 육체적 삶과 정신적 삶에서의 어떤 매듭일 따름이다. 그러니까 한 개인의 의식은 조상 중 한 사람의 의식과 동일하다고 말할 수 있다. 이는 가령 깊은 잠에 들기 전의 나의 의식과 잠에서 깨어난 후의 나의 의식이 동일하다는 것과 아주 비슷한 의미이다. 이런 말을 인정하지 않는 사람들은 대개 이렇게 지적한다. 잠들기 전 나의 의식과 잠에서 깬

후의 나의 의식 사이에는 기억이라는 끈이 존재하지만, 한 개인의 의식과 그 조상의 의식 사이에는 그러한 끈이 (전혀) 없다고 말이다. 그러나 적어도 많은 동물의 **본능**에는 그러한 초개인적 기억이 존재한다는 사실이 널리 알려져 있다. 잘 알려진 사례는 다음과 같다. 흔히 새들은 그 종이 낳는 알의 크기와 수에 정확하게 들어맞는 둥지를 짓는다. 그 개체 자신은 그러한 경험을 한 적이 없어도 말이다. 또 다른 유명한 사례는 개가 들판의 풀을 밟아 '침상 만들기'를 하는 일이다. 오늘날 개는 페르시아 양탄자 위에서도 그런 일을 한다! 또한 고양이는 마루나 타일에서도 바닥을 파고 자기 배설물을 묻으려고 한다. 분명히 적이나 먹잇감이 자기 냄새를 잘 맡지 못하게 하기 위함이다.

인간에게도 이와 비슷한 현상이 있음을 깨닫기는 어려운 일이다. 그 이유는 모든 사람은 어떤 행위를 할 때 그 행위를 내적으로 관찰할 수 있기 때문이다. 그래서 다음과 같은 (내가 보기에는 그릇된) 확신을 가진다. 즉 어떠한 생각도 없이 일어나야만, 그것에 어떠한 사고도 동반되지 않아야만, 본능적 행위라고 할 수 있다는 것이다. 그렇게 확신하는 사람은 이런 본능적 행위의 주관적 측면을 강조하는 종의 **기억**이라는 표현에 대해서도 의혹을 품는다. 그래서 이런 현상들이 앞서 언급한 연속성 관념에 대한 증거가 되지 않는다고 여긴다. 하지만 인간에게나 동물에게서 매우 정서적인 어떤 콤플렉스에는 초개인적 기억이라는 특징이 꽤 뚜렷하다. 성적 감각이 처음 깨어나면서 이성 간에 서로 끌리거나 서로 밀어냄을 느끼고, 성적 호기심이나 수치심을 느끼는 일 등이다. 그리고 때로는 고통스럽거나 황홀한 느낌을 가지거나 특히 사랑에 빠질 때 까다롭게 선택하는 일도 그렇다. 여기에서는 그 종의 모든 개체에 보편적이 아니라 각 개체에 특수한 정신적 **흔적들**이 매우 명확하게 드러난다.

태고로부터 유전된 엔그람Engramm11)들의 에크포리Ekphorie에 대한 또 다른 예로는 얌전한 시민으로 살아가는 사람들이 '다툼'이라는 상황에 처할 때 느끼는 현상들을 들 수 있다. 다른 사람이 (실제로든 느낌상으로든) 우리의 권리를 침해할 때, 우리는 힘껏 맞서고 비난하고 욕을 하는 등의 행동을 하도록 즉시 자극받는다. 우리는 '흥분 상태'에 빠지고 맥박이 빨라지며 피가 머리로 쏠리고 근육이 뻣뻣해지고 떨리면서 마치 '충전'된 듯 느끼며 때로는 어떤 행동을 취하려는 강렬한 충동을 느낀다. 한마디로 말해, 우리 몸 전체가 무수한 조상들이 비슷한 상황에서 실제로 **했던** 일을 아주

---

11) (역주) 독일의 동물학자 제몬이 주창한 개념으로 외부 자극이 유기체에 각인될 때 생기는 기억 흔적을 뜻한다. 제몬은 이처럼 어떤 사물이나 사건이 엔그람으로 저장되는 과정을 엔그라피, 이렇게 저장된 과거의 사물이나 사건이 다시 떠오르는 과정을 에크포리라고 부르며, 이러한 활동을 영위하는 유기적 기억 현상 전체를 므네메라고 부른다.

탁월하고 뚜렷하게 준비한다. 우리의 권리를 침해한 자에 맞서 **물리적** 공격이나 방어를 준비하는 것이다. 우리 조상들의 경우에는 이러한 물리적 공격이나 방어는 반드시 해야 하는 유일하게 올바른 행동이었다. 그러나 우리에게는 대개의 경우 그렇지 않다. 그렇다고 우리가 이런 현상들 자체를 통제할 수 있는 것은 아니다. 물론 우리는 물리적 대응을 해서는 절대 안 된다는 사실을 잘 알고 있다. 물리적으로 대응할 경우 자신에게 큰 피해가 생기기 때문에 잠깐이라도 그러한 대응을 진심으로 고려하지 않는다. 그럼에도 우리는 이런 성향을 지니고 있기 때문에, 앞서 말한 현상들 자체는 일어나는 것이다. (내 생각에는) 큰 피해를 당하지 않기 위해 조상들은 주먹을 써야 했지만 이제는 말이 필요할 뿐이므로 오로지 **말**로만 적절하게 방어하겠다고 안간힘을 써서 의식적으로 노력하지만, 그럴 때에도 이런 현상들이 일어난다. 이런 상황에서 말이라는 **자기 나름의** 방어 수단에만 의존하는 것을 제일 어렵게 만드는 것이 바로 이러한 격세유전적 흥분 메커니즘이다. 이런 현상은 (제몬이 말하는) **므네메**Mneme[12]의 특징을 지닌다. 이 특징은 '므네메 호모포니[13]와의 부조화'를 견디려는 유기체의 노력에서

---

12) (역주) 그리스어 어원으로서 '기억'이라는 뜻이며 기억의 여신인 므네모시네 Mnemosyne에서 비롯되었다. 므네메와 문화적 유전자를 가리키는 리처드 도킨스의 밈Meme을 연관 짓는 해석도 있다.

특히 두드러진다. 엔그람을 따른다면 우리는 '구타'해야 하기 때문이다. 하지만 현실에서는 대개의 경우 이런 일이 일어나지 않아야 한다. 이것이 얼마나 고통스러운지 누가 모르겠는가! (이성적 생각에 반해서) 이런 짓을 일단 저지르면 므네메 호모포니와의 조화가 생겨날 텐데, 이 경우 므네메의 법칙이 얼마나 강렬한지 드러난다! 이런 짓에 대해 일반 상식이 내리는 평가를 보면 이제까지 우리의 해석이 옳음을 알 수 있다. 이럴 때 자연의 원초적 힘을 마주하고 있다는 감각을 가지게 되는 것이다. 이런 짓을 저지르는 사람은 종종 이런 행동에는 참된 동기가 없음을, 자기가 평소 쓰는 의미에서의 동기를 따르지 **않음**을 알고 있고 따라서 얼마 지나지 않아 후회할 수도 있음을 알고 있다.

　이런 특수한 사례들은 우리가 조상들에게 일어났던 사건을 우리 안으로 끌어들이고 있음을 특히 잘 보여 준다. 우리 개인의 삶에서 생긴 것이 아닌 어떤 오래된 층위가 작용하고 있음을 잘 보여 주는 것이다. 확실성에서 다소 차이가 나더라도 이러한 사례들을 많이 들 수 있다. 특히 '호감'과 '적대감', 해롭지 않은 동물인데도 소름이 돋는 일, 어떤 장소를 마치 고향인 것처럼 느끼는 일 등

---

13) (역주) 호모포니란 한 성부가 주선율을 담당하고 다른 성부는 화성적으로 반주하는 형태의 음악 양식을 뜻하는데, 여기서는 동질적 므네메들과의 통일적 흐름을 강조하기 위해 이런 표현을 쓴 것으로 보인다.

을 떠올릴 수 있다. 하지만 우리가 앞서 주장한 의식의 연속성이나 동일성은 이런 현상들에만 국한되는 것은 아니다. 또한 이런 사례들을 굳이 들지 않았더라도 여전히 같은 주장을 할 수 있을 것이다.

나의 의식적 삶은 나의 몸Soma, 그중에서도 중추신경계의 특징과 기능에 의존한다. 그런데 이러한 특징과 기능은 이전에 존재했던 다른 몸들의 구성 및 기능과 직접적으로 인과적이고 발생적 연관을 맺는다. 그리고 이전에 존재했던 다른 몸들 역시 모두 나름의 의식적이고 정신적인 삶에 각각 결부되어 있다. 이러한 생리학적 사건들에서 어느 지점에서도 단절은 일어나지 않았다. 이 몸들은 모두 각각 그다음 이어지는 몸을 위한 **설계도**이자 **건축가**이자 **건축자재**이다. 그러므로 이전의 몸의 한 부분이 자라나 자기 자신의 복사본이 되는 것이다. 여기에서 대체 어느 지점에서 새로운 의식이 시작된다고 말할 수 있겠는가?

하지만 나의 뇌의 **좀 더 특수한** 성질과 훈습薰習들, 나의 개인적 경험이나 개성은 조상들에게 일어난 사건에 의해 미리 결정되는 것이 아니지 않은가! 물론 조상들에게 일어난 사건이라는 말이 오로지 **나 개인만의** 직계 조상을 의미한다면, 이 말이 당연히 맞다. 그래서 이제 이 장 초두에 제시된 [한 개인의 의식은 조상 중 한 사람의 의식과 동일하다는] **불충분한** 명제가 다소 의심스러워지는 지점에 이른다. 왜냐하면 나의 고차적인 정신적 자아의 구조는 본질적으로 조상들에게 일어난 사건들의 직접적 결과라고 하더라도 그 사건들이 나만의 직계 조상들에게 일어난 사건들이어야 하는 것도 아니고 주로 그런 것도 아니기 때문이다. 다음에 내가 하는 서술들을 단지 대담한 수사적 속임수라고 여기지 않으려면 우선 분명하게 알아야 할 것이 있다. 한 개인이 발전하는 경로는 두 가지 요인, 즉 1) 유전자의 특수한 성질과 2) 그것에 작용하는 환경의 특수한 성질에 의존하는데, 이 두 요인은 **동일한 유형**에 속하는 것이다. 왜냐하면 자기 안에 온갖 발전 가능성을 품고 있는 유전자의 특수한 성질 자체도 실은 과거 환경의 영향하에서 그 환경에 본질적으로 의존하여 발전한 것이기 때문이다. 그리고 정신적 개성은 오로지 이런 환경의 영향들에 의존하여 형성되는데, 환경의 영향 자체는 때로는 생존하는 타인들 혹은 이미 고인이 된 타인들의 정신적 개성이 낳은 직접적 결과인 것이다. 이때 우리는 언제나 다음과 같은 사실에 유념해야 한다. 즉 우리 자연과학자들은 이 모든 '정신적' 영향들도 타인들의 몸이 직접적으로 영향을 끼쳐 우리 개인의 몸(즉 두뇌 체계)이 변하는 것으로 간주할 수 있으며 그렇게 간주해야 한다. 그래서 **이러한** 타인의 정신들이 형성한 환경이 개인의 정신적 개성 형성에 끼치는 영향들과 직계 조상들이 미치는 영향들 사이에는 원리적으로 아무 차이도 없다.

어떠한 자아도 홀로 존재하지 않는다. 그 배후에는 물리적 사건들과 (그 특수 유형으로서) 지성적 사건들로 이루어진 무한한 사슬이 놓여 있다. 그 사슬의 하나의 마디인 자아는 그에 속하면서도 그에 역작용하면서 그 사슬을 연장시킨다. 자아는 자기 몸의, 특히 두뇌 체계의 지금 이 순간의 상태를 통해서, **그리고** 교육과 전승을 통해서 조상들에게 일어난 사건들과 **사슬로 연결**된다. 그중에서 이러한 교육과 전승은 말, 글, 기념물, 관습, 생활방식, 새로 형성된 주변 환경에 의해 생겨난다. 이처럼 수천 개의 단어와 용어로도 다 표현하지 못할 모든 것을 통해 조상들에게 일어난 사건들의 사슬과 연결된 자아는 단지 이 사슬의 산물이 아니다. 자아는 엄밀한 의미에서 이 사슬과 **동일한** 것이고 사슬의 엄밀하고 직접적인 연속이다. 이는 쉰 살 자아가 마흔 살 자아의 연속인 것과 같다.

물론 서양철학은 개인의 죽음이 삶의 본질적 부분에서는 아무것도 끝내지 않는다는 생각을 거의 보편적으로 받아들였다. 그렇지만 (플라톤과 쇼펜하우어를 제외하면) 이런 생각으로부터 논리적으로 도출되는 어떤 다른 생각, 이보다 한결 내밀하고 심오한 행복을 선사하는 어떤 다른 생각에 대해서는 생각할 가치가 없다고 여겼으니, 이상한 일이다. 그것은 개인의 **출생**도 마찬가지라는 생각이다. 자아는 출생을 통해 비로소 생겨나는 것이 아니라, 흡사 깊은 잠에서 서서히 깨어나는 것과 같다는 생각이다. 그리하여 내게는 나의 희망과 분투, 공포와 근심이 내 이전에 살았던 수천 명의 사람들의 그것들과 **같은 것**으로 보인다. 그리고 나는 이렇게 믿어도 좋으리라. 수천 년이 지난 후에라도 그보다 수천 년 전에, 즉 바로 지금, 내가 처음 기원한 일이 성취될 수 있다고. 내 안에서 움트는 모든 생각은 이전의 어느 조상이 가졌던 생각의 연속으로 나타날 뿐이다. 그러므로 실상 어떤 새로운 싹이 움트는 것이 아니라, 태고의 성스러운 생명수生命樹에 있던 어떤 싹이 예정대로 발현하는 것이다.

어쩌면 이 이야기가 맘에 드는 적절한 은유라고 여기는 독자라 해도, 심지어 쇼펜하우어와 우파니샤드를 읽었더라도, 모든 의식이 본질적으로 **하나**라는 명제가 **문자 그대로** 타당하다는 데에는 대부분 동의하지 않을 것이다. 조상들의 계열 안에서 모든 의식이 동일하다는 테제에 대해서조차 다음과 같이 수학적 이유를 들어 반대할 것이다. 즉 두 **명의** 부모는 일반적으로 **여러 명**의 자녀를 낳으며 아이를 낳은 후에도 계속 살아간다는 것이다. 또한 [조상들이 했던] 특수한 경험들은 어린아이에게서 이미 감쪽같이 스러져 버렸기 때문에 이런 연속성 주장이 정당화되기 어렵다고 여긴다. 솔직히 말하면 조상 계열과 관련한 이러한 논리적이고 산술적인 모순이 내게는 오히려 어떤 안도감을 준다. 왜냐하면 내가 볼 때에는 우리의 동일성 주장이 **저 앞에서** 자연과학적으로 입증되었으므로, 따라서 이러한 [논리적이고 산술적인] 모순은 베단타의 일반적 명제에 대해서도 힘을 잃게 되며, 혹은 이런 일에 수학을 적용하는 일 자체가 매우 의심스러워지기 때문이다.14) 그리고 [조상들의] 기억이 완전히 소멸했다는 주장(이러한 불멸성 이론은 생리학적 불멸성 이론을 대신할 수 있지만, 많은 사람들은 이러한 불멸성 이론이 지니는 가장 고약한 난점이 바로 기억의 소멸 현상이라고 내심 느낀다)에 대해서는 이런저런 형이상학적 견해는 다 제쳐 두더라도 한 번쯤 다음과 같이 생각해 볼 수 있다. 말랑말랑한 밀랍이 있다고 해 보자. (쇼펜하우어가 생각한 것처럼 이 밀랍이 조형되기를 스스로 **원했던** 것까지는 아니더라도15)) 이 밀랍은 이미 **조형되어 있다고** 해 보자. 이제 바로 **이 밀랍**을 다시 변형하기 위해서는, 우선 석필로 매끄럽게 만들어서 원형을 다시 복구하는 일이 **꼭 필요한** 것이다.16)

---

14) (역주) 저자는 이 장의 앞부분에서 생물학적 지식에 의거해 동일성 명제를 입증했다고 간주하고 있다. 따라서 저자는 이러한 형이상학적 명제에 논리적이고 산술적인 모순이 있다는 사실 자체가 오히려 논리적이고 산술적인 사고방식을 형이상학적 사유에는 적용할 수 없음을 보여 준다고 여기며, 이 때문에 안도감을 느끼는 것이다.

15) (역주) 딱딱한 밀랍에도 온기를 가하면 말랑말랑해진다는 쇼펜하우어의 비유를 언급하는 듯하다(〈충고와 격언Aphorismen zur Lebensweisheit〉).

16) (역주) 가령 밀랍 판에 글씨를 쓰기 위해서는 먼저 판을 매끄럽게 만들어야 하는 데, 그렇다고 해서 그 밀랍 판의 동일성이 훼손되는 것은 아니다. 이러한 비유를 통해 저자는 조상의 경험에 대한 기억이 모두 사라졌다고 해서 조상과 우리의 동일성이 훼손되는 것은 아님을 주장하고 있다.

7장

다시 비다수성에 대하여

히드라 푸스카*Hydra fusca*라는 작은 담수 폴립이 있다. 이것이 분열할 때 완전히 비대칭적으로 분열되어 그중 한쪽이 촉수들을 다 가져가고 다른 쪽은 촉수를 하나도 가져가지 못하는 일이 생기기도 한다. 하지만 이런 일이 생겨도 **양쪽** 모두 부족한 부분을 보충하여 각각 다소 작지만 완전한 **히드라**로 자라난다. 이런 게임은 여러 번 반복될 수도 있다(막스 페어보른Max Verworn, 《일반 생리학 *Allgemeine Physiologie*》, Jena: Fischer, 1915, 1장). 이 단계의 생명체 중에서 이런 사례가 또 있다. 제몬은 가령 플라나리아에서도 이런 일이 일어난다는 것을 보고했다(《므네메*Die Mneme*》 제2판, 151쪽). 제몬은 이처럼 부족한 부분을 재생하는 작용이 고차원의 기억이 지닌 연상적 재생 작용과 엄밀하게 유사한 것으로 올바르게 파악했고 바로 그 때문에 이런 현상에 깊은 관심을 보였다. 또한 제몬은 고등동물과 고등식물의 진화 과정이 배아 단계에서부터 그대로 재현되는 흔한 현상에 대해서도, 암기한 시를 기억에 의존해 재현하는 것과 유사하다고 보았는데, 그것도 은유적 의미에서가 아니라 실제적 의미에서 그러한 것으로 보았다. 그는 므네메라는 상위 개념 아래에 이 두 현상 모두를 포함시켰다. 제몬 자신의 책(주저인 《므네메》와 《므네메 감각 *Die Mnemische Empfindungen*》)에서 이러한 견해와 그 근거를 찾아볼 수 있다. 하지만 여기에서 다만 언급하고자 하는 것은, 이런 견해에 대해 그와 가까운 전문가들이 그리 동조하지 않았고 오직 포렐Auguste Forel만이 매우 열성적으로 갈채를 보냈다는 사실이다. 포렐은 정신병학과 동물학 모두에서 탁월한 업적을 이룩한 학자이므로, 제몬이 말한 이러한 현상들 사이의 유사성이 올바른지를 평가하는 데 누구보다도 걸맞아 보인다.

이 대목에서 분열 실험을 소개한 이유는 이렇다. 독자들 스스로가 **히드라 푸스카**에게 감정이입해서 생각해 보았으면 좋겠다. 우리는 생명의 단계에서 이 원시적이고 작은 우리 사촌이 아무리 흐릿하고 혼미하더라도 **어떤 종류의 의식**이 있다고 여길 수밖에 없다. 그리고 절단된 양쪽 모두에서 이 의식은 이전의 의식이 **나뉘지 않고** 연속하는 것으로 나타나리라. 이것을 논리적으로 입증할 수는 없으나, 이에 대한 어떠한 다른 생각도 무의미함을 느낄 수 있다. 의식을 분할하거나 다수화하는 것은 무의미한 것이다. [나의 의식에 의해 직접적으로 체험되는] 현상들 중에는 의식이 다수로 나타날 수 있는 프레임은 어디에도 존재하지 않는다. 우리는 단지 각 개체가 시간과 공간에 있어 다수이기 때문에 이런 사변을 하는 것일 뿐이다. 그러나 이는 잘못된 사변이다. 바로 **이런 사변** 때문에 모든 철학이 되풀이하여 절망적 모순에 빠진다. 그것은 버클리 식의 관념론17)을 이론적으로는 무조건 인정할 수밖에 없으면서도 현실 세계를 이해하는 데에는 그런 관념론이 전혀 쓸모없다는 모순이다. 이런 모순을 해결하는 방법이 도대체 있다고 한다면, 고대 우파니샤드의 지혜밖에 없으리라.

형이상학적으로 보면 의식은 **단수로만 쓰일 수 있는 명사**singulare tantum이다. 만일 그렇지 않다면 어느 한 사람의 의식 내부에서 이미 다수성이 나타나야 할 것인데 실제로는 그렇지 않은 이유를 사실 이해하기 어렵다. 왜냐하면 우리 몸을, 혹은 심지어 우리 신경계를 **단일 개체**로 서술하는 것은 상당히 문제가 있기 때문이다. 우리 몸이 세포들이나 기관들로 이루어진 나라라면, 그 안에는 비

---

17) (역주) 간단히 말해 나의 의식만이 존재하며 다른 모든 것의 존재함은 나에 의해 의식된다는 주관적 관념론.

교적 독립적 구성원이 몇몇 있다. 예를 들어 혈구, 정자, 그리고 조금 다른 의미이기는 하지만 척수 신경절[18] 등이 그러하다. 다른 유기체들의 세계를 들여다보면, 한 나라를 이루는 부분들이 어느 정도 독립성을 지니는가라는 관점에서 [이 유기체들을] 연속적으로 배열할 수 있으며 여기에 여러 중간 형태들이 있음을 알 수 있다. 고등동물과 고등식물 모두 몸을 이루는 구성원들은 서로 완벽하게 결합되어 있지만, 둘 사이에는 다소 차이가 있다. 즉 동물의 몸에서는 구성원들의 분업 방식 때문에 어떤 큰 부분을 **분리**할 경우 반드시 그 부분이 죽게 되고 대개의 경우 나머지 부분도 죽게 된다. 이에 비해 식물은 조건만 적합하다면, **양쪽** 부분 모두 계속 살아남는다. 그리고 이처럼 독립성의 정도라는 관점에서 배치한 연속적 계열에 있어 [고등동물과 고등식물의] 반대쪽 끝에는, 공간적 결합이 없는 단일 개체들로 구성된 동물들의 나라가 있다. 그 나라를 이루는 구성원들(가령 개미, 흰개미, 벌, 인간)은 상대적으로 독립성이 크다. 그러나 이 양 극단 사이에는 앞서 말한 대로 중간 형태들이 무수하게 존재하는데, 이런 모든 경우에 '나라'라는 말을 사용하는 것이 그저 은유나 유비일 뿐이라고 이해함은 큰 잘

---

18) (역주) 척수 신경은 운동 신경, 감각 신경, 자율 신경을 모두 포함하고 있는데, 이 중 척수 후근에 밀집해 있는 감각에 관련된 신경들이 척수 신경절이다.

못이리라. 인간이나 개미는 그 (생물학적인) 나라라는 결합체에서 **실제적으로** 분리되어 혼자가 된다면 생존하지 못할 것이다. 이는 고등동물의 세포나 기관이 유기체라는 결합체에서 분리되면 죽는 것과 똑같은 이유 때문이다. 그 이유는 이런 고등동물 유기체에게서는 분업이 너무 진행되어 있기에, 한 부분이 분리되어 몸의 나머지 부분들과 연결이 끊기면 그 부분에게 필요한 환경조건이 박탈당하기 때문이다. 만일 우리가 이런 환경조건을 제공한다면 분리된 기관도 계속 살 수 있는데, 이는 **이식수술**을 보면 알 수 있는 일이다.

중간 형태들에는 앞서 언급한 **히드라와 플라나리아**와 같이 '분열 가능한' 유기체들이 있고, 또한 분열(군집 형성)이 통상적인 생식 방식인 하등 유기체들이 많이 있다. 페어보른(앞의 책, 68쪽)은 특히 흥미로운 사례를 제시한다. 강장동물에 속하는 관해파리가 그것이다. 이 유기체는 비교적 뚜렷하게 분화된 여러 기관들로 조합되어 있는데, 어떤 기관들은 운동을 위해, 어떤 기관들은 영양섭취를 위해, 어떤 기관들은 생식을 위해, 어떤 기관들은 몸 전체의 보호를 위해 발달되었다. 그러나 이들 기관은 여전히 상당 정도로 독립적인 개체들이어서, 영종泳鐘[19] 같은 몇몇 기관은 어떤

---

19) (역주) 갓해파리목에서 헤엄치는 작용을 하는 기관.

경우에는 몸체에서 떨어져도 독자적으로 해파리로 살아갈 수 있다.

유기체들의 왕국을 이처럼 비교해 보면, 우리의 몸이 원래 무엇인지를 알 수 있다. 우리의 몸은 세포들의 나라이며, 어느 정도까지만 통일적이고 외부와 분리되어 있으며, 어느 정도까지만 분할 불가능하다. 만일 통상적인 견해를 고수한다면, 내가 매우 확실하게 체험하는 나의 자아의 통일성이 몸이라는 개체가 지니는 피상적이고 상대적인 통일성 덕분에 존재한다고 생각한다면, 덤불처럼 얽히고설킨 물음들에 직면한다. 이런 물음들이 모두 사이비 문제임은 너무도 분명하다. 나는 이렇게 묻는다. 층층이 쌓인 통일체들의 위계질서에 있어서 [자아 혹은 의식의 통일성이 나타나는 것이] 왜 하필 이 **중간 단계**이어야 하는가? 그러니까 통일적 자아라는 의식이 왜 유독 나의 몸에 해당하는가? 그런 의식은 왜 세포나 기관에는 아직 해당하지 않고, 국가에는 더 이상 해당하지 않는가? 혹은 통일적 자아의식이 꼭 나의 몸에만 해당하는 것이 아니라고 생각한다면, 나의 자아는 나의 뇌세포들이 지닌 개별적 자아들로부터 어떻게 구성되는가? 자신을 통일체로 직접 의식하는 더 높은 자아, 즉 국가의 자아 혹은 인류의 자아가 이와 비슷한 방식으로 나와 다른 사람들의 의식들에 의해 구성되는가? 매우 뛰어난 사상가들 중에는 이런 유의 상상을 하는 것이 부득이하다고 느낀 사람들이 있었다. 여기에서는 구스타프 페히너만 언급하겠다.

자아의 통일성을 이루는 토대가 몸의 통일성에 있다고 생각하는 한, 그리고 몸의 통일성이 상대적이고 또 문제적임을 인식하는 한, 이런 물음들은 거의 불가피하다. 그러나 자아라는 가설이 생기는 것은 자아의 통일성을 직접 체험하기 때문이고 이러한 통일성 자체는 의식이 '단 하나 주어지는 존재'라는 형이상학적 단수성에 뿌리를 내리고 있다고 본다면, 이런 물음들은 즉시 사라진다. 수라는 범주, **전체와 부분들**이라는 범주는 여기에는 적용할 수 없다. 다음과 같은 표현은 물론 아직도 다소 신비적이기는 하지만 그래도 이런 상황에 대해 가장 적합하다. 각 구성원들의 자아의식은 서로 수적으로 동일하고, 나아가 그것들이 이루는 더 높은 차원의 자아와도 수적으로 동일하다. 각 구성원은 어떤 의미에서는 "**짐이 곧 국가다**l'état c'est moi"라고 말할 권리가 있다.

이런 견해에 대한 거부감을 극복하는 가장 좋은 방법은, 이러한 견해가 의식의 다수성은 실상 언제 어디에서도 나타나지 않고 언제 어디에서나 단 하나의 의식만이 나타난다는 직접적 경험에 토대를 두고 있음을 늘 새롭게 유념하는 것이다. 이것이 저 원대한 형이상학적 가설 없이도 도달할 수 있는 완벽하게 확실한 유일한 인식이다. 버클리식의 관념론은 이런 인식을 고수하기 때문에 수미일관하고 모순이 없다. 이런 관념론을 넘어 나아가는 것은 다음과 같은 관찰 및 그에 결합된 가설 때문이다. 즉 나는 나 자신의 몸과 아주 똑같이 생긴 수많은 몸들을 관찰하고, 이 몸들이 환경 및 나의 몸과 맺고 있는 물리적 상호작용 관계는 나의 몸이 환경 및 그 몸들과 맺는 관계와 같음을 관찰한다. 그리고 이러한 관찰과 결합된 가설은, 어떤 물리적 사건이 다른 몸들을 만날 때 그 몸에서 일어나는 감각들이 그와 같은 종류의 물리적 사건이 나의 몸을 만날 때 내게 일어나는 감각들과 같을 것이라는 가설이다. "너와 같은 사람이 저기 앉아 있고, 그의 내부에서도 생각과 느낌이 일어난다." 그러면 이제 그다음에 어떻게 생각하느냐가 중요하다. "저기에도 내[자아]가 있고 그것이 나다"라고 생각할 수도 있고 "저기에도 하나의 자아가 있다. 네 자아와 유사한 자아, 제2의 자아가 있다"라고 생각할 수도 있다. 이 두 가지 생각의 차이는 바로 '하나의'라는 표현, 즉 '자아'를 유개념으로 강등시키는 이 부정관사뿐이다. 이 '하나의'를 통해 비로소 관념론과의 결별은 돌이킬 수 없게 된다. 세계는 유령들로 가득 차고 우리는 애니미즘으로 무력하게 끌려들어 간다.

내 친구 갑이 바로 이 순간 느끼거나 보거나 생각한다고 내게 말하는 것은 내 의식의 직접적 내용이 **아니다**. 하지만 나 자신이 한 시간 전이나 한 해 전에 느꼈거나 보았거나 생각했던 것도 지금 나에게 직접 의식되지 않기는 마찬가지이다. 그것의 어떤 흔적만이 더 분명하거나 덜 분명하게 내게 주어지는데, 이 흔적들은 갑이 **자기의** 느낌 등에 대해 이야기할 때 내 안에서 촉발되는 그런 흔적들과 본질적으로 거의 구별되지 않는다. 또한 (서로 다른 두 가지 계열의 생각을 번갈아 가면서 할 때) 하나의 지성 안에서 긴 추론의 사슬 두 개가 서로 만나지 않고 나란히 놓인 채로 계속 이어지는 일도 있다. 그러다가 이 두 개의 추론 사슬이 서로 만나면 (참신하고 중요한 통찰들을 낳는 경우가 많은데) 그다음에는 두 사람이 서로의 생각을 활발하게 교환할 때와 아주 비슷한 일이 일어난다. 반대로 두 사람이 지적인 공동 작업을 할 때에 그들의 의식 영역은 놀라울 만큼 하나로 융합되어 하나의 경험을 하는 통일체가 될 수도 있다.

개체의 의식들이 동일하다는 명제를 반증하기 위해 사람들은 다음과 같이 상당히 조야한 사고실험을 이용할 수도 있으리라. 서로 다른 수학 문제를 스무 개 만들어 본다. 이 문제들은 단조로워서 영리한 학생이라면 한 문제를 푸는 데 한 시간도 걸리지 않을 것이다. 그리고 똑똑한 학생 스무 명이 교실에서 어느 날 10시부터 11시 사이에 각각 한 문제씩을 풀게 한다. 10시에는 아무도 문제를 몰랐지만 11시에는 스무 개의 문제가 모두 풀렸다. **하나의** 의식이었다면 그러지 못했을 것이다. 그러므로 의식이 수적으로 여러 개임이 입증된다.

우리는 이런 주장에 반대하여, 이러한 '스무 개의 의식 작용들'

이 마치 발전기 성능처럼 모두 더해지거나 '스무 배의 능력'으로 합산될 수 **없음**을 지적해야 한다. 이들은 실상 '차례차례 켜질 수' 없으며, (그들 모두 아주 똑같은 능력을 가진다고 가정하면) 그들을 다 합치더라도 더 많은 능력을 발휘할 수 없고 그중 하나가 푸는 것보다 더 어려운 문제를 풀 수도 없다. 적어도 서로 상의하고 토론하고 연구하여 그들 각자의 능력이 모두 향상되지 않는다면 그렇다는 것이다. 다른 한편, 각 개별 구성원도 스무 개의 문제를 모두 풀 수 있었을 것인데, 다만 시간이 더 걸렸을 것이다.

마찬가지로 어떤 하나의 전투에서 아들을 잃은 어머니 스무 명이나 천 명의 고통이 그런 일을 겪은 어머니 단 한 명의 고통보다 스무 배나 천 배 크다고 말할 수도 없다. 젊은 남자 스무 명이나 천 명이 각각 애인과 잠자리를 할 때의 즐거움도 **단 한 명**이 그럴 때의 즐거움보다 스무 배나 천 배 더 큰 것은 아니다. 물론 이러한 의식의 사건들은 분명 강화되고 이른바 배가될 수 있기는 하다. [여러 의식을 합하는 것이 아니라] 예를 들어 아들 **두 명**이 모두 전사했을 때 어느 한 어머니가 느끼는 고통이 그렇다.

마지막으로 앞에서 서술했던 [나의 의식 내용과 타인의 의식 내용이 동일하다는] 마흐, 아베나리우스, 슈페의 견해를 돌이켜 본다면, 이 견해가 우파니샤드의 정통 교리를 명시적으로 거론하지 않더라도 그 교리에 매우 가까워짐을 알게 된다. 외부 세계를 이루는 근원적 요소들과 의식을 이루는 근원적 요소들이 동일하다면, 외부 세계와 의식은 하나이고 같은 것이다. 하지만 그렇다면 우리가 모든 단일 개체에게 이런 요소들이 본질적으로 **공통적임**을 표현하기 위하여 **단 하나**의 외부 세계만 있다고 말하든 혹은 **단 하나**의 의식만 있다고 말하든 서로 다른 진술이 아니다.

8장

의식, 유기적인 것,
비유기적인 것, 므네메

우리가 어떤 철학적 입장을 취하더라도, 고도의 정신적 삶이 나타
나는 것이 고도로 발달한 뇌 기능에 관련되어 있음은 거의 의심할
수 없는 경험적 사실이다. 그러므로 우리의 감각과 지각에 의거해
구성한다고 생각하는 세계, 그 자체로 그저 존재한다고 늘 안이하
게 생각하는 세계는 실은 그저 존재함만으로 벌써 우리에게 정말
로 현현하는 것이 아니다. 세계가 우리에게 현현하기 위해서는 이
세계의 매우 특수한 부분들이 지닌 매우 특수한 사건들, 즉 뇌 기
능들이 필요하다. 뇌 기능과 세계 현현 사이의 관계는 지극히 특
이한 조건 관계이므로 우리는 매우 조심스럽게 이렇게 묻지 않을

수 없다. 대체 뇌의 사건들은 어떤 고유한 특성들이 있기에 다른 사건들과 차이가 있고 세계를 현현하게 하는가? **어떤** 물질적 사건들은 이런 능력을 가지고 있고 어떤 물질적 사건들은 그렇지 않은지, 적어도 추측으로라도 말할 수 있는가? 아니면 거의 오해를 사지 않을 만한 더 단순한 방식으로 표현해 보자. 어떤 물질적 사건들이 의식과 직접 연결되어 있는가?

합리주의적이고 자연과학적인 태도를 지닌 오늘날의 지식인들은 [다음과 같이 답함으로써] 매우 쉽게 이런 물음에서 벗어날 수 있다. 우리 자신의 경험에 따르면, 그리고 이 경험을 고등 동물들에 유비적으로 적용해 보면, 의식은 오직 유기적인, 생명을 지닌 물질에서 일어나는 특정 유형의 사건들과만, 다시 말해 특정한 신경 기능들과만 결합된다는 것이다. 동물들의 위계 계열에 있어서 어느 정도 하위 단계에 이르기까지 일종의 의식이 있다고 추정할 수 있을지, 그리고 의식이 그 최초의 단계에서 어떤 특징을 지니는지에 대해 확실한 지식을 얻고자 하는 것은 이룰 수 없을 뿐 아니라 반드시 필요하지도 않은 과제이니, 할 일 없는 몽상가들에게나 맡겨 두어야 한다는 것이다. 이보다 더욱 할 일 없고 몽상적인 사람들이 하는 일은 이와는 다른 사건들, 가령 비유기적 사건들이나 심지어 모든 사건들이 일종의 의식과 결합되어 있는 것은 아닌지 추측하는 일이라는 것이다. 이런 일은 순전히 몽상일 뿐이고,

누구나 멋대로 사변을 펼칠 수는 있지만, 지식으로서의 가치는 완전히 결여되어 있다고 말할 것이다.

이런 태도가 그릇되었다고 말할 수는 없다. 다만 나는, 이런 태도에 만족하는 사람은 우리가 이런 태도를 가질 때 우리의 세계관에 **어마어마한** 틈이 남아 있음을 때로는 명료하게 깨닫지 못한다고 생각한다. 이를 깨닫는다면 그렇게 **홀가분하게** 이런 태도에 만족하지는 못하리라. 유기적인 것 혹은 살아 있는 것이 비유기적인 것보다 더 보편적일 수 있다고 할지라도(이에 대해서는 아래에 좀 더 상세히 이야기할 것이다), 신경조직의 출현과 뇌의 출현은 유기적 사건들 중에서도 매우 특수한 사건이다. 그리고 우리는 이 사건의 의의와 의미를 꽤 잘 알고 있다. 우리는 뇌의 메커니즘이 매우 독특한 방식으로 감각들과 결합되어 있다는 사실은 전혀 도외시하고, 이 메커니즘이 시간적이고 공간적인 자연의 사건 내부에서 어떤 역할을 하는지에 대해 이야기할 수 있다. 다시 말해 두뇌 메커니즘은 생존 투쟁 와중에서 (자연선택 혹은 여타의 방식으로) 나타난 아주 특수한 방식의 적응 메커니즘이라는 게 매우 확실하다. 적응 메커니즘을 지닌 존재는 그때그때 자신을 위해, 그리고 이를 통해 자기 종의 유지를 위해 유리한 방식으로 환경 변화에 반응하는 것이다. 두뇌 메커니즘은 분명히 이런 적응 메커니즘들 중에서 가장 복잡하면서도 가장 교묘한 메커니즘이다. 두뇌 메커니즘은 대부분 탁월한 지위를 지니게 되며, 전체 몸 중에서 그야말로 지배적 위치를 부여받는 것이다. 그럼에도 불구하고 이는 어떤 특수한 적응 메커니즘이지 유일한 적응 메커니즘은 아니며, 이를 보유하지 않는 유기체들도 다수 존재한다.

다른 한편 이제 우리는 이 세계는 바로 **의식**에 의해 비로소 현현한다고 말한다. 아니 바로 의식에 의해 비로소 존재한다고 말해도 별 탈이 없다. 우리는 방금 이 세계 **안에서** 매우 특수한 현상인 뇌가 출현했다고 말했는데, 뇌는 물론 실제로 출현하기는 했으나 꼭 출현하지 않았을 수도 있었고, 적어도 그 자체로 본질적인 것 sui generis은 아니다. 그럼에도 불구하고 우리는 세계가 의식이라는 요소들에 의해 비로소 **존재한다**고 말하는 것이다. 그렇다면 우리는 고등 포유류의 진화에서 나타난 이런 [뇌의 출현이라는] 매우 특수한 전환이 있었기에 세계가 의식의 빛 안에서 나타났다고, 만일 이런 전환이 없었다면 세계는 관객 없는 연극이었을 것이고 그 누구에 **대해서도** 존재하지 않았을 것이고, 따라서 아주 근본적인 의미에서 존재하지 **않았을** 것이라고 생각해야 한다! 앞의 물음에 대한 답으로서 우리가 얻는 궁극적 지혜가 이런 것이라면, 내게 이것은 세계관의 완벽한 파산으로 보인다. 우리는 최소한 이 점을 인정해야 한다. 그리고 세계관의 파산이 우리와는 무관한 척 행동해서는 안 될 것이며, 혹은 아무리 절망적이더라도 구원을 찾고자 애쓰는 사람들을 우리의 합리주의적 지혜에 의거해 비웃어서는 안 될 것이다.

스피노자 혹은 페히너 같은 이들의 견해는 이보다 훨씬 대담하며, 그들은 이런 문제들에서 핵심 문제가 무엇인지 더 명료하게 인식하고 있었다. 스피노자에게 인간 신체는 "실체가 연장 속성을 통해 표현되는 한에서의, 무한한 실체(신)의 변용"이며, 인간 정신도 이와 **동일한** 변용이지만 다만 사유 속성을 통해 표현된 것이다. 그러나 물질적 사물이 모두 이처럼 신의 변용이고 두 가지 속성을 통해 스스로를 표현한다는 스피노자의 말을 우리의 언어로 번역하면 이런 뜻일 수밖에 없다. 신체의 생명적 사건에 우리 의식이 대응하는 것과 같은 방식으로 모든 물질적 사건에 어떤 것이 대응한다. 그리고 명민한 페히너는 상상의 나래를 펼쳐서, 식물뿐 아니라 세계의 신체인 지구와 별들도 영혼이 있다고 생각했다. 나는 이런 상상에 동조하지는 않지만, 페히너와 파산한 근대 합리주의자들 중 누가 궁극의 진리에 더 접근했는지 굳이 판정하지는 않겠다.

나는 이 문제를 해결하는 데 조금이라도 진전을 이루기 위해 필요할 것들을 다음 장에서 보일 것이다. 그러나 여기에서는 일단 유기적인 것과 비유기적인 것의 관계에 대해 짧은 고찰을 덧붙이고자 한다. 이런 고찰에 대해서는 이미 앞서 암시한 바 있다.

우선 순수하게 사실에 대한 문제를 확인해 보자. (그 정의에 있어 물리학과 화학의 대상인) 비유기적인 것은 추상으로서, 특수한 수단을 활용하지 않으면 실제로는 거의 어디에도 존재하지 않거나 적어도 매우 극단적으로 드물게 존재한다. 우리가 사는 지구의 환경을 살펴보면, 그 환경은 거의 전부, 살아 있거나 죽은 동물 및 식물의 신체로 이루어져 있다. 지각地殼의 대부분도 확실히 그렇다. 그래서 우리는 모든 것이 본래 비유기적이며 유기적인 것은 다만 비유기적인 것의 특수한 변용에 불과하다는 일반적 견해가 옳은지, 아니면 이런 견해가 실상을 뒤집어 놓은 것은 아닌지 의심하려는 유혹을 느낄 수도 있다. "그러나 그렇다고 해도 우리는 유기체들이 무엇인지 알고 있고 그들의 생명 조건들을 알고 있기 때문에, 세계에 존재하는 대다수의 신체들이 실제로는 이와 정확히 반대임을 추론할 수 있지 않은가." 그렇다. 물론 우리는 **우리의** 세계에 있는 유기체들을 알며, **이들의** 생체 조직이 비교적 소수의 기본 질료들이 매우 특수한 방식으로 결합되어 있는 것임을 알고 있다. 그렇지만 이런 사태가 매우 특수하고 비교적 안정적인 환경조건들 때문에 일어난다고 설명하고 이와 다른 환경조건에서는 다른 형태의 유기적 사건들이 산출될 것이라고 가정하는 것이 훨씬 자연스럽지 않겠는가?

여기에서 당연히 의문이 생긴다. 유기적인 것은 무엇인가? 이것은 여기에서 상정하는 일반적인 의미를 묻는 것이므로 '단백질'이나 '원형질'이라고 단순하게 대답해서는 안 된다. 이보다 좀 더 일반적인 의미를 찾으려면, 우리는 **질료변화**Stoffwechsel[20]라는 개념으로 빠지게 된다. 따라서 우리는 쇼펜하우어의 구획이 꽤 정확했다고 볼 수 있으리라. "비유기적인 것의 동일성과 완전성이 토대를 두는 본질적, 항상적인 것은 질료Stoff 혹은 **물질**Materie이며 이에 비해 형상Form은 비본질적이고 유동적이다. 유기적인 것에서는 정반대이다. 왜냐하면 유기적인 것의 생명, 다시 말해 유기적인 것으로서의 그 실존은 바로 형상이 지속하는 가운데 질료가 끊임없이 변화Wechsel한다는 데 있기 때문이다."

그렇지만 관찰자가 어떤 사태에 있어 **무엇**을 본질적인 것으로 보고, 무엇을 비본질적인 것으로 보는지는 철두철미 관찰자에 달려 있다. 모든 것은 그 **자체로는** 똑같이 본질적이다. 그러므로 유기적이거나 비유기적이라는 것은 대상의 속성이라기보다는 우리가 취하는 입장의 속성이요, 우리가 바로 지금 그것에 대해 향하는 관심의 속성이다. 이는 진실이다. 우리가 원자의 운동 경로를 추적한다면, 원자가 살아 있는 유기체를 가로질러 운동하는지 여

---

20) (역주) 일반적으로 '물질대사'로 옮기는 단어이나 '질료+변화' 설명에 맞춰 '질료변화'로 옮겼다.

부는 아무래도 좋은 것이다. 이때 우리는 단지 물리적 작용만을 다루게 될 것이고, 여기에서 나타나는 물음들을 남김없이 해결하는 데 물리학이 원칙적으로 충분하다고 확신한다. 이에 비해 가령 회오리바람처럼 상태 변화들이 어떤 매체를 통해 전파되는 일을, 혹은 수 세기에 걸쳐 경로가 변하는 강물, 빙하, 불길 등을 가장 조야하고 거친 형태이기는 하지만 어떤 유기적인 것으로 파악함이 정당하다고 말한다면, 언뜻 보기에는 조금 기묘하게 느껴진다. 이처럼 일반적인 언어 용법과는 모순되기는 하지만, 유기적인 것과 비유기적인 것 사이의 **근본** 대립이 대상의 속성에 있는 것이 아니라 주체의 태도에 있다는 생각은 내가 볼 때 천착해 볼 가치가 매우 크다. 이렇게 생각할 경우에는, 되풀이해서 제기되는 의혹, 다시 말해 비유기적인 것으로부터 '이와는 극명하게 다른' 유기적인 것이 '점진적으로' 출현한다는 생각을 정말로 할 수 있는가라는 의혹이 사라진다. (대상 자체는 완벽한 연속성을 보이지만) 이러한 이행은 점진적이지 **않다**. 물론 대상의 구조 때문에 태도를 바꾸려는 압력이 점진적으로 높아질 수는 있지만, 그래도 **태도**는 단속적斷續的으로만 변화하기 때문이다. 즉 나는 형상이 변화하는 가운데 변하지 않는 질료를 고찰하거나 **아니면** 질료가 변화하는 가운데 변하지 않는 형상을 고찰할 수 있지만, 이 둘을 동시에 고찰의 대상으로 삼을 수는 없다. 유체역학 방정식들은 라그랑주 공식이나 오일러 공식으로 표현할 수 있다. 이 두 공식의 내용은 정확히 동일하다. 그러나 두 공식은 변수의 변화라는 일회적이고 비연속적인 도약에 의해 교체되는 것이지, 점진적으로 바뀌는 것은 아니다.

물론 이런 인식을 가진다고 해서, 좁은 의미에서 어떤 특수한 유기적 조직이 어떤 특징을 갖도록 만드는 메커니즘을 찾는 일은 불필요해지는 것이 아니라 오히려 더욱 필요해진다. 그것은 제몬이 **므네메**라고 표현한 특성이다. 다시 말해, 특정한 자극 복합체에 의해 한 차례 혹은 여러 차례 야기된 특정한 반응이 이런 과정을 통해 '훈습'되어서, 이후 유사한 상황에서 애초의 자극 복합체 중 한 **부분만** 나타나도, 그것도 아주 사소한 한 부분만 나타나도 충분히 이전과 같은 반응을 보일 수 있다는 것이다. 이런 과정이 어떤 메커니즘을 따르는지는 아직 전혀 알려지지 않았다. 그뿐 아니라, 가령 볼츠만의 이륜二輪 모델은 전자기적 사건을 삽화처럼 그려 내는 역할을 하지만, 므네메 메커니즘을 아주 대략적으로라도 그려 낼 수 있는 역학적 모델은 아직 전혀 존재하지 않는다. 한편 **자극** 자체의 특징을 적어도 앞서 언급한 의미 정도에서는 매우 적절히 그려 내는 모델이 있는데, 바로 **계전기**繼電器21)의 물리학적

---

21) (역주) 회로의 전류 단속에 의하여 다른 강한 전류의 회로를 만드는 장치로서,

작용이 그렇다.[22] 물론 아직까지 그 누구도 므네메를 그처럼 그려 낼 모델이 가능한지에 대해 숙고하지 않았다.[23] 이러한 모델이 지식의 진보에 매우 중요함에도 불구하고.

가령 원거리 유선통신 전류가 약해지는 것을 막기 위해 쓰인다.

22) (원주) 통상적인 물리적 반응과는 달리, 어떤 자극에 대한 반응이 지니는 특징은, 원인과 결과가 단순한 비례 관계가 아니라는 것이다. 그 결과들은 적어도 어떤 체계가 지니는 내부 구조와 연관되는데, 이러한 내부 구조는 그 반응을 보이는 체계의 외부 성질만으로는 이해되지 않으며 외부로부터 인식할 수도 없는 것이다. 계전기는 이런 특징들을 모두 가지고 있다.

23) (원주) 제몬은 다음과 같은 요구를 덧붙인다(《므네메》 제2판, 385쪽). "물론 동시에 서로 다른 측면으로부터 연구를 해야 할 것이다. 즉 물리학자와 화학자가 같은 목표를 향해서 연구해야 한다. 그리하여 엔그라피와 에크포리에 대응하는 어떤 것이 비유기적 영역에서도 존재함이 증명될 수 있는지, 만일 그렇다면 어느 정도까지 증명될 수 있는지를 탐구해야 한다. 아직까지 이런 방향으로 유용한 연구는 존재하지 않는다."

9장

의식됨에 대하여

앞 장의 초두에서 제기되었던 물음을 이제 다시 살펴보자. 의식과 직접 결부되는 물질적 사건들은 무엇인가? 그러나 이번에는 내적 경험이라는 좀 더 확고한 토대 위에서 이 물음을 살펴보도록 하자. 앞에서는 일반적 근거들을 들어서, 이러한 의식과의 결합이 뇌 기능들에게만 주어지는 특권이라고 보는 견해가 그 자체로 개연성이 적음을 보여 주려 시도했다. 물론 그다음에는 이러한 의식과의 결합을 다른 사건들로 **확장**시켜 보려는 시도가 애석하게도 반드시 모호하고 환상적인 사변들 속에서 길을 잃는다는 사실을 인정할 수밖에 없었다. 이제 우리는 정반대 유형의 명제를 내세우고자 한다. 하지만 다음에 서술할 이러한 명제는 뇌 기능들이 그러한 특권을 지닌다는 믿음을 동요시키는 데에도 알맞은 명제이다.

모든 뇌의 사건이 의식을 수반하는 것은 **아니다.** 어떤 신경 사건들은 그 경과 방식이 처음에는 구심성이고 그다음에는 원심성이라는 점에서, 그리고 반응조정자라는 생물학적 기능에 있어서 뇌의 '의식적' 사건들과 완전히 동일하지만, 그래도 의식과 결합되지 **않는다.** 척수 신경절의 반사 조정 작용들 및 그것들이 통제하는 신경 체계 부분이 그렇고, 나아가 대뇌를 통해 일어나면서도 의식 안으로 들어오지 않는 수많은 반사작용들도 그렇다.

그러니까 우리 몸 안에서 일어나는 신경 사건들은 서로 매우 비슷하면서도 서로 다른 방식으로 나타나는데, 그중 일부는 의식을 수반하고 일부는 의식을 수반하지 않는 것이다. 여기에는 온갖 단계의 중간 형태들이 있다(이는 우리의 분석에서 매우 귀중한 현상이다). 신경 사건들을 이처럼 구별하는 특징적 조건들을 관찰과 사유를 통해 찾아내는 일은 그렇게 어렵지 않을 것이다!

내가 보기에는 이를 찾아내기 위한 열쇠는 바로 우리가 익히 알고 있는 다음과 같은 사태이다. 우리가 의식을 하면서(때로는 행동까지 하면서) 어떤 특수한 일련의 현상들에 참여할 때, 그 현상들이 아주 빈번히 그리고 정확히 같은 방식으로 되풀이된다면, 이들은 **의식 영역으로부터 점차 멀어지면서 가라앉는다.** 그리고 그 현상이 새롭게 되풀이될 때에는, 그 현상을 야기하는 외적 원인(또는 이 현상의 결과로 나타난 외적 조건들)이 아주 조금이라도 이전과 다를 때에만, 그 현상이 다시 의식으로 떠오른다. 그리고 이 경우 반응들도 이전과 아주 조금 달라진다. 하지만 그런 경우라고 해도, 적어도 처음에는 그 현상 전체가 다시 의식 안으로 나타나지 않고, 새로운 현상을 이전의 현상과 다르게 만드는 변양變樣이나 편차만 의식 안으로 나타난다.

이에 대한 사례는 누구나 자기의 경험으로부터 수백 가지씩 들 수 있을 테니, 여기에서는 굳이 사례를 들지 않아도 될 것 같다. 만일 여기에서 사례를 한 가지라도 들면 내가 말하고자 하는 것이 지나치게 특수한 관점에서 나타날 것이고 이를 피하려면 계속해서 수천 개의 사례를 들어야 할 것이다.

이처럼 어떤 현상이 의식으로부터 점진적으로 벗어나는 이런 일이 우리의 정신적 삶의 전체 구조에 대해 어떤 의미를 지니는지를 통찰하기 위해서는, 반복을 통한 훈습(므네메)이 여기에서 커다란 역할을 한다는 점을 생생하게 환기해야 한다. 단 한 번의 경험은 생물학적으로 전혀 의미가 없다. 자주 반복되는 상황들에 대해 적절하게 기능하는 일만이 생물학적으로 가치를 지닌다. 그리고 우리의 주변 환경에서는 똑같거나 비슷한 상황들이 (대개 주기적으로) 되풀이해서 나타나고, 그때마다 유기체는 같은 반응을 보여야 스스로를 보존할 수 있다. 물론 우리는 이런 일들의 기원으로 돌아가서 관찰할 수는 없다. 모든 유기체는 유기체인 한, 주변 환경에 의해 파여진 수백만 개의 홈들, 즉 엔그라피들을 이미 가지고 있기 때문이다. 어떤 유기체에 생물학적으로 새로운 상황이 나타났다고 상상해 보자. 이때 유기체가 특수한 방식으로 반응하여 자신을 보존했다고, 최소한 파괴되지는 않았다고 치자. 그 자극이 한 차례 되풀이되면 동일한 사건이 재생되는데, 우리는 그 사건이 본성상 의식 안으로 들어온다고 일단 추정하고자 한다. 그러면 이런 반복 속에서 새로운 요소가 의식 안으로 들어오는데, 그것은 바로 그 일이 '이미 일어났던 일'이라는 사실이다(아베나리우스의 경험비판론이 담긴 기괴한 전문용어집에서는 이를 '기지旣知'라 부른다). 그러나 반복이 잦아지면서, 이 사건은 (우리의 내적 경험이 잘 보여주듯이) 점점 더 잘 다뤄지고 점점 더 "흥미가 떨어진다." 그리고 그에 대한 반응은 점점 더 미더워지지만 그만큼 점점 더 무의식적으로 이루어진다. 그런데 이때 외부 상황에서 편차가 나타날 수 있다. 이러한 외부 상황의 편차, 혹은 그 결과로 나타난 반응의 편차는 의식 안으로 밀고 들어온다. 그러나 그때에도 이것이 아직 새로운 때까지만 의식 안에 드러난다. 이런 편차도 역시 점차 잘 다루게 되면서 의식의 문턱 아래로 잠겨 버린다. 이런 편차가 반드시 외부 상황과 사건의 변화가 한 번만 나타나고 그다음에는 변화가 없는 경우만을 뜻하지는 않는다. 이런 편차는 상황이 때로는 이런 방식으로, **때로는** 저런 방식으로 변화하고, 여기 대응하기 위하여 반응들도 변화하는 경우일 수 있고, 또 이런 경우가 오히려 아주 빈번하다. 이러한 분기分岐들 역시 점점 잘 다루어지고, 이러한 반복이 충분히 자주 일어난 다음에는 '개별 경우에 어떤 상황이 일어나고 있는지, 그리고 그에 따라 어떻게 반응해야 하는지에 대한 결정'이 마침내 완전히 무의식적으로 내려지게 된다. 이제 당연히 첫 번째 층의 편차 위에 두 번째 층의 편차가, 그 위에 다시 세 번째 층의 편차가 겹겹이 쌓일 수도 있다. 그렇게 무한히 계속될 때에는 언제나 가장 새로운 편차들만이 의식 안으로 밀고 들어오는데, 생체 조직은 이런 새로운 편차들을 아직 훈습하고 있는 중인 것이다. **비유**를 들자면, 의식은 생체 조직들의 **교육**을 감독하는 **교사**와 같다. 그는 새로운 과제가 나타날 때마다 학생들을 돕지만, 학생들이 충분히 숙달되었다고 생각하면 학생들 자신이 과제를 해결하도록 맡겨 둔다.

비유를 들자면 그렇다는 것이다! 나는 '**비유**'라는 말을 스무 번이나 강조하고 싶고, 이 책을 인쇄할 때 이 단어를 한 페이지에 가득 차는 크기로 넣어 달라고 부탁하고 싶다. 우리가 지닌 애니미즘 전통 때문에, 우리는 은연중에 다음과 같이 생각하는 경향이 지나치게 강하다. 즉 새로운 상황이 나타나면 그때마다 **정말로** 조그만 신령神靈처럼 의식을 지닌 자아를 소환하고 그것이 그 상황에 빛을 비추고 결정을 내리며 우리는 그 결정에 따라 행동하게 된다고 생각하는 것이다. 이런 생각은 유아기로의 저주받은 퇴행이며 끔찍한 모순을 가져올 것이다. 우리가 주장하는 것은 다만 그런 새로운 상황들, 혹은 그 결과로 나타나는 새로운 반응들에는 의식이 수반되고, 그에 비해 오래전부터 훈습된 것들에는 의식이 수반되지 않는다는 사실뿐이다.

앞서도 말했지만, 여기에서 이야기하는 내용은 **오늘 하루 동안** 의식한 것들 중에서도 수천 가지 사례들을 이끌어 내 입증할 수 있다. 우리 모두는 일상생활의 소소한 손놀림들 수백 가지를 배울 때, 때로는 매우 힘이 들었다. 그 당시 이런 일들을 할 때는 매우 또렷하게 이런 일을 의식했고, 처음으로 성공할 때에는 환호성을 지르기도 했다. 하지만 이제 어른이 된 우리는 구두끈을 매고 전기 스위치를 켜고 저녁에 옷을 벗으면서도 전혀 방해받지 않고 다른 생각을 계속 이어 나갈 수 있다. 아주 유명한 어느 학자가 저녁 식사에 손님들을 초대했다. 그의 부인은 그더러 손님들이 오기 전에 침실에 가서 스탠드칼라[24]를 갈아입고 오라고 시켰다. 이 학자는 스탠드칼라를 뗀 다음 계속해서 아주 기계적으로 옷을 다 벗고, 침대에 누운 다음 불을 껐다고 한다. 이런 일은 충분히 일어날

---

24) (원주) 중국옷처럼 목을 감싸듯 목둘레에 세워진 깃을 말한다.

수 있는 것처럼 보인다. 우리가 완전히 무의식적으로 행동하면서 이와 동떨어진 생각에 오롯이 사로잡히는 경우가 있음을 알고 있기 때문이다. 가령 몇 년 전부터 매일 출근하던 사무실이 이사했다고 하자. 이제 우리는 익숙하던 길을 가다가 어떤 지점에서 옆길로 들어서야 한다. 하지만 우리는 얼마나 자주, 그리고 얼마나 오랫동안 그 지점에서 헛갈리곤 하는가. 그리고 오랫동안 익숙했던 길을 자동적으로 가는 일에 비하면, 이러한 '상황 편차'는 처음에는 얼마나 명료하게 의식되는가.

이제 우리의 정신적 삶의 개체발생에 있어 이처럼 잘 알고 있는 사태들을 우리의 정신적 삶의 계통발생에도 적용하는 일이 내게는 무리가 아닌 것으로 보인다. 그렇게 해 본다면, 무의식적이고 반사적인 신경절 기능들에 대해 즉각 설명할 수 있다. 이들은 모두 신체 내 반응들을 조절하는 기능을 가지는데, 가령 장의 연동운동, 심장박동 등이 여기 해당된다. 이런 일들은 분명 이미 오래 전부터 더 이상 편차를 겪지 않은 채 확고하게 훈습된 일들이고, 그래서 의식 영역으로부터 멀어져서 수면 아래 잠긴 일들이다. 이런 관점에서 호흡은 중간적 위치에 있다. 물론 보통의 경우에는 호흡 역시 오래전부터 익숙한 방식으로 완전히 무의식적으로 이루어지지만, 특수한 경우(예를 들어 연기로 가득 찬 상황 등)에는 상황 편차가 나타나서 그에 대한 반응도 이전과는 달리 또렷한 의식을 수반하게 되는 것이다.

그러므로 이런 견해에 따르면 신경절 기능들은, 말하자면 뇌 기능들이 고착되고 화석화된 것에 다름 아니다.

주지하다시피, 뇌에 있어서도 신경절처럼 감각을 우리에게 주지 않는 상황이 있다. 말하자면 숙면 상태이다. 분명 잠은 뇌가 쉬는, 혹은 뇌의 특정 부분들이 쉬는 시간이다. 뇌는 감각의 문이 열려 있어, 어떤 식으로든 바깥을 향해 활동한다면 어느 순간에라도 행동을 시작할 태세가 되어 있고 따라서 휴식을 취할 수 없다. 먼저 감각기관들을 끄고 나면 휴식이 시작된다. 그런데 이런 휴식에 의식 현상이 수반되지 않는 이유를 처음에는 이해하기 어렵다. 그러나 그 이유는 휴식이 이미 오래전부터 훈습된 과정이며, 따라서 순전히 신체 내적 과정으로서 더 이상 아무런 편차도 겪지 않기 때문이다.

지금까지는 오직 뇌의 사건들 혹은 신경의 사건들에 대해서만 이야기했다. 그러나 이제 서슴없이 한 걸음 더 나아가도 모순에 부딪히지 않을 것이라고 생각한다. 물론 이처럼 한 걸음을 더 내딛는 일이 처음에는 심각한 불신을 불러일으킬 수 있음을 잘 알고 있다. 하지만 이 걸음을 내디뎌야 비로소 의식이 출현할 수 있는 조건을 서술하려는 우리의 시도가 적어도 일시적으로나마 어느 정도 만족스러운 결론에 이를 수 있다.

이러한 개체발생은, 그것도 단지 뇌의 개체발생이 아니라 몸 전체의 개체발생은 이미 수천 번이나 일어난 사건이 므네메를 통해 충분히 훈습되어 되풀이되는 것이다. 그러니까 이제까지 신경 사건들의 특징이라고 주장한 일들이 유기적 사건 일반의 특징이라고 가정하지 못할 이유가 없다. 다시 말해, 유기적 사건은 **새로울 때에만** 의식을 수반한다는 것이다. 이렇게 가정하지 못할 이유가 없다. 다시 말해 우리 모두가 자기 자신을 통해 알고 있듯이 개체발생은 무의식적으로 일어나지만, 즉 처음에는 자궁 안에서 보내는 시기에, 그다음에는 대부분 잠으로 보내는 출생 초기 몇 년 동안 무의식적으로 일어나지만, 그렇다고 해도 이런 가정을 하지 못할 이유가 **없다.** 개체발생이 무의식적으로 일어나는 이유는, 바로 아이가 그때그때 상황에 따라 다르기는 하지만 그래도 비교적 변화가 없는 외적 조건하에서, [계통발생상] 오래전부터 길들여진 발달 과정을 하나하나 겪어 나가기 때문이라고 말할 수 있다.

어느 한 개체가 개체발생을 할 때 개별적으로 독특한 것들만 의식된다. 유기적 사건이 의식을 수반하는 경우는 유기체가 환경의 변화하는 특수한 조건들에 직면하여 그때그때 적응하여 변화하면서 작동하는 기관을 보유할 때에만, 그리고 이런 방식으로 여전히 환경으로부터 영향을 받아들이고 훈습하고 변화하는 기관(이전의 모든 변화들처럼 이런 변화도 여러 세대를 거치면서 고착되고 그 종의 항구적 소유가 된다)을 보유할 때뿐이다. 고등 척추동물들이 보유하는 뇌가 바로 그런 기관이다. 그리고 본질적으로 오직 뇌만이 그런 기관이다. 그러므로 우리에게서 의식이 뇌의 사건들과 결합되는 이유는 **다름 아니라** 뇌야말로 우리가 환경조건의 변화에 적응하기 위해 활용하는 **독보적** 기관이기 때문이다. 우리 몸 중에서 우리 종의 계속되는 진화를 진행하고 있는 부분이 바로 뇌이다. 뇌는 (비유적으로 말한다면) 우리 종의 생장점[25]이다.

　우리가 가정한 법칙을 간략히 요약하여 이렇게 표현할 수 있다. 의식은 유기적 조직의 **배움**에 결합된다. 이에 비해 유기적 **능력**은 무의식적이다.

　다소 모호하고 오해를 불러일으킬 수는 있지만 그래도 더 짧게 말하면, 생성은 의식되며 존재는 의식되지 않는다.

---

25) (역주) 식물의 줄기와 뿌리의 끝에서 세포 증식이나 기관 형성 등을 하는 부분.

10장

윤리법칙에 대하여

앞에서 살펴본 의식에 대한 가설을 세부 사항들까지 상세히 검증하는 일은 (그것이 대체 가능하다면) 나보다 더 잘 아는 전문가들에게 맡겨야 할 것이다. 나는 다만 다음을 솔직히 고백한다. 만일 이 가설이 생리학과는 상당히 먼 영역, 그러나 우리 인간에게는 상당히 가까운 어떤 영역에 어느 정도 빛을 비추어 주는 것처럼 보이고 그래서 어느 정도 설득력을 가짐을 깨닫지 못했다면, 이 가설에 그렇게 즉시 동의하지 않았을 것이다. 말하자면, **윤리학**을 자연과학의 기초 위에서 이해할 가능성이 여기에서 열리는 것이다.

시대와 민족을 초월하여, **자기극복**은 언제나 미덕을 구성하는 토대를 이루었다. 이는 덕에 대한 교설이 언제나 "너는 해야 한다!"라는 요구의 외피를 쓰고 등장하고 있으며 그렇게 등장해야만 한다는 데에서도 알 수 있다. 그 이유는 다음과 같다. 즉 우리가 도덕적으로 고귀하고 긍정적 의미를 지니며 현명하다고 평가하는 저 실천적 태도, 아주 다양한 이유로 갈채와 존경과 경탄을 바치는 저 태도는 어떤 개별적 특징을 각각 지니는지 막론하고, 늘 그 자체로 한 가지 공통점을 가지는데, 이는 원초적 욕구에 대립한다는 것이다.

우리의 인생 전체가 '나는 원한다'와 '너는 해야 한다' 사이의 이처럼 독특한 대립으로 점철된다. 그렇다면 이러한 대립은 어디에서 유래하는가? 모든 개인에게 자신을 부정하고 원초적 욕구를 억누르라고, 한마디로 말해 자신의 **본성과 달라야** 한다고 끊임없이 요구하는 것은 사실 너무 불합리하고 부자연스럽다. 실상 바로 오늘날 (공적 교설들에서는 아니더라도, 덕의 요청에 대한 각 개인의 태도에 있어서) 도덕성에 반대하는 가장 육중하고 가장 파괴적인 공격들은 바로 여기에서 출발한다(말이 나온 김에 덧붙이자면, 나는 도덕성의 토대를 이런저런 형태의 유용성으로 파악하는 자들의 공격도 이 중 하나라고 본다).

"나는 그저 내 모습대로 있는 것이다. 내 개성을 가로막지 말라! 자연이 내게 심어 놓은 충동들이 자유롭게 발현되도록 허하라! 자기극복, 자기부정은 헛소리이고 사제들의 속임수이다. 신은 자연이고, 자연은 분명 자연이 보기에 올바른 대로, 내가 **그래야 하는** 그대로 나를 만들었을 것이다. 다른 모든 '그래야 함'은 허튼수작이다."

여기저기에서 이런 목소리, 이와 비슷한 목소리가 울려 퍼진다. 적어도 허다한 경우들에 있어 실제로 따르는 규칙들은 이와 같거나 이와 비슷하다. 그리고 이 모든 주장들이 제법 정당해 보임을 인정하지 않을 도리가 없다. 이런 규칙들은 무자비할 만큼 단도직입적이고 명료한데, 이는 자연에 대한 거리낌 없고 자연스러운 견해에 토대를 두고 있는 듯이 보여 반박하기 쉽지 않다. 여기에 맞서, 솔직히 이해하기 어려운 칸트의 명법命法을 들이대는 것은 상당히 무력하다.

그렇기는 하지만 (다행스럽게도) 이런 주장들에 대한 자연과학적 토대에는 구멍이 숭숭 나 있다. 오히려 나는 유기체들의 **발달**에 대한 오늘날의 지식에 기초해서, 적어도 우리의 생명 전체가 우리 자신의 원초적 자아와의 끊임없는 투쟁**이며 또 투쟁이어야 한다**는 점을 훌륭하게 이해할 수 있다고 믿는다. [먼저 '투쟁이다'에 대해 살펴보고 '투쟁이어야 한다'는 나중에 이야기하도록 하자.

본능들이 뿌리내리고 있는 우리의 원초적 욕망, 즉 자연적 자아라고 불리는 것은 조상들로부터 **신체적으로** 물려받은 것들이 의식에 반영된 것이다. 우리는 오늘날에 이르기까지 계통발생을 통해 이렇게 **되어 온** 것이다. 그런데 **우리**(즉, 그때그때 스스로를 '우리'라고 지칭하는 자들)는 [조상들의] 많은 세대의 선봉에서 행진하고 있다. 우리는 진화하고 있다. 우리 종의 진화는 아직도 한창 진행되고 있으며, 그러한 진화의 한 조각이 우리 인생의 매일매일 수행된다. 모든 개체의 삶은, 아니 어느 한 개체의 삶에서 매일매일은, 아직 매우 사소한 부분이더라도 종의 진화 중 한 부분을 **이루어야 하며**, 아직 매우 무의미한 끌질이더라도 우리 종의 영원한 조각 작업 중 하나의 끌질을 **이루어야 한다.** 어마어마한 진화의 전 과정이 사실 이런 사소한 끌질들의 무량한 조합이기 때문이다. 우리는 바로 지금 지니고 있는 이 형태를 매 걸음마다 변화시키고 극복하고 파괴해야 한다. 그러나 우리의 원초적 의지는 여기에 저항한다. 내가 보기에 원초적 의지의 이러한 저항을 구체적으로 보여 주는 것이 바로 형태를 변화시키는 끌질에 대해 기존 형태가 저항하는 것이다. 우리는 끌이면서 동시에 형태이고, 극복자이면서 동시에 극복되는 자이기 때문이다. 그것은 정말로 항구적인 **자기극복**이다.

그러나 우리가 이러한 생각들을 앞 장에서 전개한 견해들, 즉 의식과 유기적 사건의 결합에 대한 견해들과 연결시키지 않는다면, 이런 생각들은 그저 문학적인 말장난에 불과할 것이다. 이런 말장난은 어떤 사람에게는 매력적일 수도 있지만 어떤 사람에게는 너무 모호해서 거부반응을 불러일으킬 것이다. 그러니까 바로 종의 진화야말로 의식에 반영된다는 사실이 처음에는 그리 분명해 보이지 않는 것이다. 종의 진화 과정이 다만 갓길에서 진행될 뿐이고 어마어마하게 느리기 때문에, 어느 한 개체의 삶이라는 짧은 시간에 대해서는 더욱더 부차적 현상일 뿐이며, 적어도 아주 생생하게 의식되지는 않는다고 생각할 수도 있을 것이다.

하지만 바로 **이것**이야말로 우리가 앞에서 그럴듯하다고 확인했던 사실이다. 즉 의식이 **바로** 아직 완전히 '숙달'되지 않고 아직 완전히 유전적으로 고착되지 않은 유기적 사건들과 결합한다는 사실 말이다. 또한 바로 뇌(혹은 뇌의 일부)가 인간의 진화가 진행되는 **바로** 그 기관이기 **때문에**, 말하자면 뇌가 바로 진화가 착수되는 지점이기 **때문에**, 의식은 인간의 몸 중에서 오직 뇌의 사건들과 결합한다는 사실 말이다. 그리고 뇌의 사건들이 환경조건들의 변화 때문에 변화가 가능하기 **때문에** 의식이 뇌의 사건들과 결합하는 것이고, 바로 이러한 변화들은 아직 훈습 과정 중에 있을 때에만 의식 안으로 들어서며, 나중에 훈습이 끝나면 그 종의 무의식적 소유가 된다는 사실 말이다.

의식은 진화 지대에서 일어나는 현상이다. 세계가 진화하고 새로운 형태들을 낳는 **곳에서**, 그리고 오직 **거기에서만**, 이 세계는 자신을 드러낸다. 정지한 지점들은 의식의 빛에서 멀어지고 화석

화되며, 진화하는 지점들과 상호작용을 할 때에만 간접적으로 드러날 뿐이다.

하지만 그렇다면 앞에서 말한 사실로부터, **의식**과 **자기분열**이 불가분하게 결합함이 분명해진다. 이러한 추론은 일상적으로 생각할 때는 다소 역설적으로 들리지만, 모든 민족과 시대에서 가장 현명한 자들의 말을 통해 입증된다. 나아가 인간의 형태에 대한 (우리가 일별하는 극히 짧은 시간 중에서) 가장 강력한 끝질로서 살았던 **그러한** 사람들은 이러한 추론이 옳음을 만장일치로 보여 준다. 따라서 우리 생각이 맞는다면, 그들은 모두 저러한 자기분열에 있어서, 즉 새로운 형태 창조에 기존 형태가 저항하는 일에 있어서, 가장 무거운 부분을 담당해야 했던 것이다.

자기극복이 곧 물려받은 조상들의 특성을 극복하는 일임을 특히 극명하게 보여 주는 전형적인 예로, 나는 6장에서 서술한 사실, 즉 모욕에 대한 문화인의 반응을 떠올린다. 이 자리에서 다시 한 번 서술하고자 한다. 이런 경우 우리는 아주 특별하고 비정상적으로 강렬한 (대개 흥분이라고 불리는) 의식 상태를 감지한다. 이 같은 사건에 수반되는 이런 의식 상태는 내적 분열이 나타난다는 **사실**과 아주 분명하게 결합된다. 왜냐하면 운이 좋게도 타고난 품성 덕분에 격세유전적 긴장 상태에 빠지지 않는 사람은 이런 경우에도 흥분이 훨씬 덜하겠고, 조금도 머뭇거리지 않고 '조상의 지혜'

에 따라 적을 대번에 때려눕히는 사람도 역시 매우 평온한 상태를 유지할 수 있기 때문이다.

한편 이런 일은, 어떤 '미덕'이 진화를 거치면서 벗어나야 할 '악덕'이 될 수 있는지를 보여 주기 때문에라도 전형적 사례가 될 수 있다. 아직 국가라는 결사체 안에서 살지 않았던 원시인에게 자기 자신을 위해서나, 또는 오로지 그의 보호에 의존하고 있는 처와 아이를 위해서나 정말 탁월한 미덕이었던 것은 바로 늘 싸울 태세를 갖추는 일이었다. 이러한 미덕은 자연선택을 거치면서 더욱 높이 평가되었을 것이다. 호메로스 서사시에서도 여전히 이런 미덕을 찬미하고 있었다. 그리고 결투 풍습은 저러한 격세유전적 가치 판단을 믿기 어려울 만큼 최근까지 보존해 왔다! 이제 우리는 이 오랜 미덕을 성마름이라고 부른다. 이것은 이제 악덕이 되어 버린 것이다. 이런 현상은 우리 조상의 신들이 이제 악마와 요괴로 전락한 것과 마찬가지이다.

이런 사실들에 의거해서 이제 우리의 모든 의식적 삶이 실로 우리의 이전의 자아, 우리가 끊임없이 불화하게 되는 그 자아와의 투쟁이며, 진화를 걸고 벌이는 한 판 싸움이라는 **사실**을 깨달을 수 있다. 하지만 그래도 아직은 꼭 **그래야 한다**는 이유, 즉 윤리적 **가치** 판단의 이유, 혹은 '너는 해야 한다'라는 윤리적 **당위**의 이유는 **빠져** 있다. 왜냐하면 물론 우리는 더 높은 목표를 향하는 진화적 사유가 미덕의 요청에 대한 의식적인 내적 근거 또는 동기라는 식의 유치한 견해를 내세우고 싶지는 않기 때문이다. 아마 잠정적으로는 그런 생각이 옳을지도 모른다. 마치 인격신들에 대한 신앙이 잠정적으로 윤리의 동기로 활용되었던 것처럼. 하지만 미덕의 요청은 칸트가 강조했던 것처럼, **거기 있다**. 그것은 **사실이다**. 우리가 이해해야 하는 것은 바로 이 사실 자체이지, 경험을 통해 볼 때 매우 커다란 진폭 속에서 동요하는 이런저런 개별 요청들을 그때그때 지탱해 주는 동기는 아닌 것이다.

이를 이해하기 위한 생물학적인 열쇠를 찾으려면 다음과 같은 관찰에 유의할 필요가 있을 것 같다. 앞에서 언급한 특별한 사례에서는, 원래는 종을 유지하는 데 보탬이 되었던 특수한 성질이 진화를 거치면서 해로운 것으로 나타날 수 있음이 드러났다. 이와 마찬가지로, 일반적으로 **이기주의적 태도**는 홀로 살아가는 동물에게는 종을 유지하는 미덕인 반면에, 공동체 안에서 다른 개체들과 더불어 살아가는 동물에게는 종을 해치는 기능을 한다. 그래서 가령 개미나 꿀벌처럼 계통발생에 있어 오랫동안 공동체를 이루어 왔던 동물들은 이미 오래전에 이기주의에서 벗어났다. 이런 관점에서 본다면 개미나 꿀벌보다 훨씬 어린 인간은 이제야 그런 일을 하려고 한다. **우리에게 있어 형태 변화는 바로 현재진행형이다.** 필연적 자연법칙에 의거해 이러한 변화는 반드시 이루어져야 한다. 왜냐하면 이기주의를 졸업하지 않은 채 공동체를 형성하는 길로 들어선 동물은 멸망할 것이기 때문이다. 공동체를 이루는 동물은 이런 변화를 이루어 내야만 결국 살아남을 것이다. 물론 이로부터 우리가 이런 변화를 이루어 내야 **한다**는 사실이 도출되는 것은 **아니다**. 왜냐하면 우리가 반드시 종으로서 유지되어야 **하는** 것은 아니기 때문이다. 한 개인에게는 종의 유지는 대개의 경우 아무래도 좋은 일일 **수 있으며** 아마 **그럴 것이다**. 오히려 나는 정상적 성질을 가지고 태어난 오늘날의 인간이 이타심을 지당한 **이론적** 가치 규범으로 여기고 (실제 자기 행동에서는 이런 표준의 근처에도 이르지 못할 수도 있지만) 행동의 이상적 표준으로 여긴다는 바로 그 **사실**, 인간의 실제 행동과 비교할 때 전혀 납득할 수 없는 이러한 매우 기이한 사실을 볼 때, 우리가 이기적 태도에서 이타적 태도로 생물학적 형태 변화를 시작하고 있다는 징후를 감지한다.

그러니까 내가 보기에 이것이 윤리적 가치판단의 **생물학적** 역할처럼 보인다. 그것은 **사회적 동물**로 나아가는 인간 형태 변화의 첫걸음이다.

하지만 다시 한 번 말하고 싶다. 나는 여기에서 윤리적 행위의 동기들을 보여 주고자 했던 것이 아니며, 새로운 '도덕의 기초'를 선보이고자 했던 것도 아니다. 주지하다시피, 쇼펜하우어가 그런 일을 했다. 그리고 아직까지 이 노선에서는 그가 말한 것에 덧붙일 어떤 중요한 말도 없다.

무엇이 실재인가?

(1960년)

1장

사유와 존재 혹은 정신과 물질이라는
이원론을 포기할 이유들

아마 언어나 학파 등의 역사적 이유 때문에, 오늘날 일반인들이 자연스럽게 생각할 때에는 정신과 물질(영어로는 'mind'와 'matter')의 관계에 대한 이원론이 가장 이해하기가 쉽다. 우리는 의지를 통해 먼저 살아 있는 우리 신체 부위를 움직이고 그다음에는 이 신체 부위를 매개로 다른 물체를 움직인다. 그리고 우리 몸에 접촉하는 물체는 신경 전도를 매개로 촉감을 산출하고, 이와 마찬가지로 귀에 부딪히는 공기 진동은 소리를 산출하고, 눈에 부딪히는 빛은 시각을 야기하며, 후각, 미각, 따뜻함의 감각도 이와 같거나 아주 비슷한 방식으로 야기된다. 일반인들에게 이런 생각은 조금도 어렵지 않다. 그러나 면밀하게 고찰해 보면, 우리는 서로 아주 다른 두 영역(이들이 정말 아주 다른 영역이라고 가정한다면)에 따로 주어진 것들이 상호작용한다고 인정하기를 꺼린다. **한편으로** 정신이 물질을 인과적으로 규정한다면 물질적 사건들의 독자적 법칙이 반드시 방해받을 것이고, **다른 한편** 물체가, 그리고 빛처럼 물체에 준하는 어떤 것이 정신에 인과적 영향을 미친다는 것은 우리에게 절대적으로 이해 불가능하기 때문이다. 간단히 말해, 뒤부아레몽[의 불가지론]에도 불구하고 수많은 교과서에서 물질적 사건이 어떻게 감각이나 사유로 바뀌는지에 대해 헛소리를 늘어놓고 있지만, 실은 우리는 이에 대해 전혀 통찰할 수 없다.

아마 이원론을 포기해야만 이런 결함을 피할 수 있으리라. 이원론을 포기하자는 제안은 이미 자주 있었는데, 이런 제안은 기이하게도 대개 유물론의 토대 위에서 나타났다. 위대한 데모크리토스의 아주 소박한 시도가 아마 이런 유의 시도 중 최초였을 것이다. 그는 정신도 원자들로 이루어져 있다고 보았으며, 다만 특별히 미세하고 매끄럽고 구형球形이고 그래서 쉽게 움직이는 원자들로 이루어져 있다고 보았다. (물론 이에 어긋나는 사유가 없지는 않았다. 갈레노스의 저술 중에서 1900년에야 발견된 저 유명한 단편, 즉 헤르만 딜스Hermann Diels가 쓴 《소크라테스 이전 철학자들의 단편*Die Fragmente der Vorsokratiker*, 단편 125번[1])이 이를 잘 보여 준다.) 에피쿠로스와 루크레티우스는 이러한 노선을 따르면서도, 원자의 '변덕'이라는 생각을 도입해 이러한 노선을 멋지게 '개량'했다.[2] 대개 에피쿠로스에게서 유래한 이러한 원자의 '변덕'이라는 개념은 인간과 동물이 지닌 의지의 자유를 해명하기 위한 것이었고 이와 관련하여 최근에도 상당히 유사한 사유들이 나타나기도 했다. 또한 에른스트 헤켈과 그 학파의 일원론적 시도도 관대하게 봐 주기 힘든 것인데, 이런 이론 때문에 그들의 자연과학적 업적에 그림자가 드리워졌다. 스피노자는 실체를 **하나**로 단순화하여 신이라고 불렀는데, 이 실체의 속성들 중 **두 개**, 즉 연장과 사유가 우리에게 알려질 수 있다. 그래도 스피노자는 상호작용을 단호히 거부했기 때문에 아주 조야한 오류는 범하지 않았다. 그러나 매우 호감 가고 정직하며 이타적인 이 사상가를 우리가 상당히 존경함에도 불구하고, 이런

---

1) (역주) "가련한 정신이여, 그대는 우리[감각]에게서 믿음을 얻으면서도 우리를 뒤엎는가? 우리의 전복은 그대에게는 몰락이다"라는 단편을 뜻한다. 데모크리토스는 원자와 허공이라는 실재가 존재하며 이러한 실재에 대한 참된 인식은 둔감한 감각을 통해서가 아니라 미세한 원자들을 지닌 정신을 통해서만 이루어진다고 보았으나, 단편 125에서는 이와는 달리 정신과 감각이 진리 인식을 위해 상호보완적이라는 사유를 전개한다.

2) (역주) 에피쿠로스와 루크레티우스는 데모크리토스의 원자론을 계승하여 참된 실재는 허공과 그곳에서 운동하는 원자뿐이라고 보았으나, 이러한 원자가 그때그때 편차(클리나멘)를 가지고 부정不定한 방향으로 빗나가는 운동을 하며 이러한 원자들의 우발적 충돌에 따라 이 세계가 생성 변화한다고 보았다.

식의 단순화는 더욱 형식적으로 보인다. 버트런드 러셀은 《정신의 분석The Analysis of Mind》에서 유망한 시도를 했다. 그는 심적 상태와 물체가 같은 종류의 요소들로 조합되어 있으며, 다만 서로 다른 방식으로 묶여 있는 것이라고 본 것이다. 우리가 다음에서 설명하는 내용은 그의 생각에 가장 가깝다. 그러나 내가 보기에 러셀은 얼마 지나지 않아 실재하는 외부 세계라는 개념을 근본적으로 포기하기를 저어하게 되었다. 이러한 개념은 반드시 포기해야 하는 것이었지만, 이를 포기하는 것은 일상생활을 영위하는 사람들의 생각에는 너무 기이하게 느껴졌던 것이다. 그래서 러셀에게는 외부 세계가 곧 부활한다. 그 이유는 아마도 한 개인의 서로 다른 다양한 경험들이 상당 부분에서 서로 일치한다는 사실을 외부 세계의 실재 덕분이라고 설명하지 않는다면 기적으로 받아들일 수밖에 없고 이런 기적이 실제로 일어나고 있으며 앞으로도 계속 일어날 것이라고 인정할 수밖에 없기 때문이었으리라.

하지만 이는 아무 도움이 안 된다. 우리가 오직 **하나의** 영역만 인정하겠다고 결심한다면, 그것은 마음의 영역이 되어야 한다. 그 이유는 마음은 어떤 경우에도 존재하기 때문이다(사유하므로 존재한다cogitat-est). 그리고 두 영역이 상호작용한다고 인정할 때에는 어떤 마술적이고 유령과 같은 것이 들러붙기 마련이다. 더 나은 표현으로 말하자면, 이렇게 인정하는 순간 이미 이 두 영역은 하나의 영역으로 융합된다.

《정신의 분석》(제4판, 1933, 5강)에서 물리적인 것과 심리적인 것이 같은 요소들로 이루어졌고 다만 서로 다르게 묶여 있을 뿐이며 이 요소들 자체는 심리적으로도 물리적으로도 표현될 수 없다는 앞서 언급한 의미심장한 사상을 전개했던 바로 저 위대한 사상가가, 1948년 《인간의 지식, 그 범위와 한계*Human Knowledge, its Scope and Limits*》(6부, 6장, 480쪽)에서는 외부 세계의 실재를 의심하는 **시늉을 하는** 사상가들이 있다고 비웃듯 말하는 사람들 중 하나가 되었다. 우리는 놀라지 않을 수 없다. 러셀은 거의 '아일랜드 황소3)'의 아이러니를 보이면서 덧붙인다. 러셀이 보기에 그러한 입장은 반증될 수는 없지만 진정으로 수용할 수도 없다. (내가 보기에는 이 두 명제[물질/정신 동일성 명제와 외부 세계 실재 명제]는 서로 모순되며, 따라서 이 두 명제가 동시에 참이라고는 가정조차 할 수 없다.) 물론 이것이 가령 유아론唯我論이나 라이프니츠식의 단자론만을 겨냥하는 것은 아니지만, 러셀은 이 둘을 사례로 든다. 그 이유는 아마 일원론적(혹은 준일원론적) 관념론 중 가장 허약한 이 두 이론을 환기시킴으로써, 이 최고의 논자가 지닌 절대 거부할 수 없는 설득력을 확고하게 작용시키려는 것이리라.

---

3) (역주) 앞뒤가 맞지 않는 모순을 가리킬 때 쓰는 말.

내가 보기에는 모든 실재를 영혼의 체험으로 환원하려는 소망은 우리가 실천적 삶에서는 그것 없이는 단 한 발짝도 앞으로 나아갈 수 없는 관념(즉, 바로 실재하는 외부 세계라는 관념)을 제멋대로 부정하려는 것이 아니다. 이런 소망은 그보다 훨씬 심오한 이유 때문에 나온다. 외부 세계라는 **관념** 자체는 마음이 만든 것이고 조금도 의문시되지 않는다. 다만 우리는 **첫 번째로** 그러한 관념 바깥에 혹은 그러한 관념과 나란히 어떤 대상이, 즉 그 관념이 지시하는 어떤 대상 그리고/또는 그 관념을 야기하는 어떤 대상 역시 존재해야 한다는 주장에 반대할 뿐이다. 내가 볼 때 이런 주장은 전혀 불필요한 이중화이기 때문이다. 따라서 오컴의 면도날 원칙4)에 어긋난다. 게다가 여기에서 우리는 [관념 바깥에 혹은 나란히 대상이] '존재한다'는 개념이 무슨 뜻인지 알지 못한다. 이 개념은 관념 자체에 대해서는 불필요하다. 관념은 매우 복합적인 방식이기는 하지만 어쨌든 ['존재'라는 개념이 적용되지 않는] 순수 소여들에 의해서 구성된 것이기 때문이다. 마지막으로, 저 '존재하는' 어떤 것과 순수 소여들로 구성된 관념의 세계 사이의 인과관계는 전혀 새로운 관계일 것이고 따라서 이에 대해 별도의 설명이 필요

---

4) (역주) 어떤 현상을 설명하는 여러 이론이 있을 경우 불필요한 가정들을 잘라낸 더 간단한 이론을 택해야 한다는 원리이다.

하다. 이런 인과관계는 관념의 세계 내부의 인과연관들과는 일단 무관할 것이다. 그리고 이 마지막 문제에 나타나는 인과관계는 조지 버클리가 이미 알려 주었고 데이비드 흄이 더욱 명료하게 알려 주었듯이, 관찰을 통해 직접적으로 알 수 있는 것이 아니다. 인과관계는 위대한 칸트를 포함해서 흄 이후 사상가들이 생각했던 것보다 훨씬 더 문제적인 개념인 것이다.[5]

이상이 **첫 번째** 논점이다. **두 번째** 논점도 못지않게 중요하다. 여기에서 논의하고 있는 [실재하는 외부 세계라는] 관념, 앞서 말했듯 우리가 전혀 부정하지 않는 그 관념에는 나의 신체도 포함된다. 이런 관념을 표현할 때 보통 '외부'라는 말을 붙이더라도 그렇다. 그래서 우리는 (말이 나온 김에 덧붙이자면) 어떤 사람의 관념과 사유가 그 사람의 머리 안에 있다고 하는 것은 어리석다는 것을 알 수 있다. 이는 다른 온갖 것들을 포함해서 외부 세계 전체가 그 세

---

5) (역주) 이 문단에서 저자는 외부 세계라는 관념 자체도 관념 세계에 속하는 것이라고 주장한다. 따라서 이러한 외부 세계에서 나타나는 인과연관들 역시 관념 세계 내의 인과연관들인 것이다. 그러나 저자는 관념 세계 외부에 이른바 독자적으로 존재하는 세계를 상정하는 데에 대해서는 회의적 입장을 보이고 있다. (관념으로서의) 외부 세계가 (관념 외부의) 외부 세계에 의해 야기된다(인과관계)거나 전자가 후자를 지시한다(지시관계)고 상정하는 것은 세계를 두 개로 상정(이중화)하는 것이고 따라서 이론의 간명성을 불필요하게 훼손하여 오컴의 면도날 원칙에 위배되는 것이다. 버클리와 흄은 이러한 관념 외부 세계의 존재에 대해 회의적이었으며 칸트 역시 이러한 '물자체'에 대해서는 알 수 없다고 보았다.

계 자신의 일부[머리] 안에 있다고 하는 것이기 때문이다. 그런 머리는 단 하나만 존재한다고 말하더라도 이는 올바르지 않다. 이제 우리는 다음과 같은 매우 일반적인 사실을 살펴볼 텐데, 눈에 선하게 그려 보이기 위해 구체적인 사례를 들어 설명하겠다. 나는 공원 벤치에 앉아서 생각에 잠겨 있다. 홀연 누군가 내 앞에 나타나 손을 뻗어 내 왼쪽 허벅지를 세게 꼬집는다. 그리 아프지는 않지만 불쾌하기는 하다. 혹시 친구가 인사 대신 이런 장난을 치는가 싶어서 위를 쳐다보니, 짓궂은 표정을 한 개구쟁이 소년이다. 따귀를 한 대 갈겨야 하나, 잠깐 고민한다. 그러나 그러지 않고, 그 악동의 목덜미를 움켜쥐고 마침 가로수 길 끝에 있는 경찰관에게 끌고 간다.

우리 대부분은 이런 사건 전체를 외부 세계라는 관념 안에서 인과적으로 추적해 볼 수 있으며, 이러한 관념이 충분하게 완전하다면 이 사건 전체를 이해할 수 있다고, 다시 말해 일반적으로 확증된 법칙들로 환원할 수 있다고 생각한다. 이때 이 짧은 장면이 흘러가는 동안 내가 가지는 감각들과 생각들은 전혀 고려하지 않더라도 그럴 수 있다는 것이다. 우리는 다음처럼 생각하지 **않는다**. 즉 외부 세계의 물체, 그러니까 저 악동이 신경 전도를 매개로 꼬집힘이라는 느낌을 불러일으키고 그다음에 앞서 말한 정신이 외부 세계에 대한 추가적 정보들을 입수하고 잠깐 생각한 다음에,

저 외부 물체[악동]의 윗옷 자락을 움켜쥐고 막 가로수 길 입구에 보이는 경찰관에게 끌고 가라고 팔에게 명령을 내린다고는 생각하지 않는 것이다. 이 견해에 반드시 동의할 **필요는 없다**. 또 처음 언급한 대로, 외부 세계 관념 내부에서의 이른바 자연적 설명을 단지 선입견으로 여길 수도 있다. 하지만 그러한 설명에 동의하지 않는 사람이라도 그러한 설명이 미더운 발견술로서는 유효한 가설이라고 인정한다. 많은 사람들은 이런 자연적 설명을 가장 단순하고 그래서 (다시 한 번 오컴의 면도날 원칙에 따라) 필요하다고 여기는 것이다. 그 이유는 말하자면 정신과 신체 사이의 상호작용에 대해서는, 감각기관의 감각의 경우나 의지에 따른 운동의 경우에도 전혀 아는 바가 없기 때문이다. 그러나 이렇게 되면 심리적인 체험들의 계열이 물리적 사건의 한낱 수반 현상이 되고, 이런 현상이 있거나 없거나 물리적 사건은 똑같이 진행될 것이다. 물리적 사건이 스스로 자기 일을 처리하므로 심리적인 감독관이 필요 없기 때문이다. 이는 위험하다. 우리에게 본질적이고 우리의 흥미를 끄는 것이 부차적인 잉여가 되고 없을 수도 있는 것이 되어서, 대체 이것이 무엇을 위해 존재하는지 알 수 없게 되는 위험에 빠지는 것이다. 앞서 언급한 인과연관이 외부 세계라는 **관념** 내에 설정된 것임을 잊어버릴 때, 그 인과연관을 우리의 심리적 체험에 의존하지 않고 그 자신에 의해 지탱되는 '존재하는' 외부 세계로 이전하기를 고집할 때, 그러한 위험이 나타난다고 나는 주장한다. 그러면 내가 볼 때 상당히 역설적 결과에 이른다. 살아 있고 느끼고 생각하는 존재의 몸에서 일어나는 일을 자연적인 방식으로 생각할 수 있으려면, 즉 무생물에게서 일어나는 것과 똑같이 생각할 수 있으려면, 즉 이를 조종하는 신령을 전제하지 않고, 가령 엔트로피 원칙에도 위배되지 않고, 엔텔레키나 활력6) 따위의 여타 고만고만한 잡동사니들도 모두 제거하려면, 그러면서도 명백한 부조리에 빠지지 않으려면, 한 가지 조건이 충족되어야 한다. 그 전제는 우리가 **모든** 사건을 우리의 세계 **관념** 안에서 일어난다고 간주하는 것이다. 그리고 이 세계 관념 아래에 어떤 물질적 기체基體[즉 '존재'하는 외부 세계가 있어, 세계 관념은 바로 **이 물질적 기체에 대한 관념**이며 이 물질적 기체를 대상으로 가진다고 생각하지 않는 것이다. 이후의 서술에서 밝히겠지만 이 물질적 기체는 정말로 전혀 불필요한 잉여이다.

---

6) (역주) 아리스토텔레스에 따르면 엔텔레키는 어떤 사물이 가장 완전하게 실현된 상태로서 사물은 그러한 목적을 향하여 변화하고 운동한다. 활력은 라이프니츠가 제시한 개념으로, 물체에 작용하여 그 물체의 운동을 변화시키는 '살아 있는 힘'이다.

2장

세계의 공동성은 언어적 소통을
통해서만 인식된다

나는 감각적 지각을 통해서 외부 세계에 대한 지식을 얻는다. 오로지 감각적 지각을 통해서만 그러한 지식이 내 안으로 밀려들어온다. 아니, 감각적 지각들은 외부 세계를 구성하는 건축자재이다. 이는 다른 사람들 모두에게도 참이다. 그렇게 생겨난 세계들은, 관점들의 다양함 등을 도외시한다면 상당 정도 서로 같으며, 그래서 일반적으로 우리는 '세계'라는 표현을 단수로 사용한다. 하지만 한 사람의 감각의 세계는 엄밀하게 사적이며 다른 사람의 감각의 세계에 직접 들어갈 수는 없기 때문에 [서로 다른 사람들의 각각의 세계들 간의] 이러한 일치는 이상한 일이다. 많은 사람들이 이러한 이상한 점을 없애거나 덮기 위해서, 그러한 일치가 일어나는 것이 실재하는 물체들의 세계가 저기 있어서 감관의 감각들을 야기하고 모든 사람에게 대략 동일한 인상을 주기 때문이라고 말하기를 선호한다.

그러나 이는 결코 설명이라고 할 수 없다. 다만 사태를 다른 말로 표현한 것일 뿐이다. 이는 오히려 우리가 이 사태를 이해하는 것을 더욱 어렵게 만든다. 전혀 불필요한 일이다. 관찰된 두 개의 세계(B와 B′이라고 하자) 사이의 상당 정도의 일치를 이해하기 위해, 이 두 세계가 실재하는 세계 R과 일종의 일치가 있다고 전제한다. 다시 말해 B도 R과 일치하고 B′도 R과 일치한다는 것이다. 이런 식으로 생각하면, R은 관찰되지 않는다는 사실을 잊게 된다. 아무도 두 개의 세계, 즉 관찰된 세계와 '실재하는' 세계를 지각하지는 않는다. 그 누구도 이 구조 사이의 유사성을 확인할 수 없다. 아니면, R은 관찰될 수는 없더라도, 허용할 수 있는 가설인가? 앞장에서는 이 가설이 내 생각에 얼마나 큰 대가를 치르는지 보여주고자 했다. 아무리 이런 가설을 허용하더라도 이런 가설은 어떤 경우라도 완전히 공허하게 진행된다. 그러니까 두 개의 경험된 세계들, 즉 너의 세계와 나의 세계가 일치하는 이유가 똑같은 주형이 똑같은 재료로 이 두 세계를 만들어 내기 때문이라고 말한다하더라도(덧붙여 말하자면 이 자체가 유한성을 초월하는 독특한 귀납 추론이다), 경험주의자에게는 어떤 핵심적 물음이 남는다. 우리 두 사람에게 이러한 일치에 대한 지식은 어떻게 생겨나는가? 이런 물음에 저 공허한 실재성 가설은 아무런 답도 할 수 없다. 하지만 이러한 지식은 정말 있으며 실재하며 사적 세계들만큼이나 실재한다. 우리는 이런 지식이 어디에서 오는지 알고자 한다. 참된 물음은 이렇다. 저 두 사적 세계들이 사적임을 인정하고 영원히 사적일 수밖에 없음을 인정한다면, 이들 간의 일반적 일치는 과연 어떻게 경험되는 것인가? 이 둘을 직접 비교하는 것은 아무 도움이 안 된다. 비교 자체가 불가능하기 때문이다. 우리가 이런 사태를 다소간이라도 해명하려는 여러 불충분한 시도에 대해 어느 정도 아량을 가지려면, 먼저 이런 무시무시한 사태로 인해 불안과 전율을 느끼는 일이 필요하다.

아마 많은 사람들이 일단 쌀쌀맞게 대꾸할 것이다. 어리석은 생각이라고. 그들은 **하나의** 의식 영역 안에서 일어나는 일과 **다른** 의식 영역 안에서 일어나는 일 사이에는 무수한 세부적 내용들에 이르기까지 매우 엄격한 대응이 존재한다고 말할 것이다. 좋다. 하지만 이런 대응을 대체 누가 확인한단 말인가?

이런 대응을 확인하는 수단은 **언어**이며, 여기에는 온갖 표정과 몸짓, 다른 사람 몸을 만지는 일, 손가락 같은 것으로 가리키는 일 등도 속한다. 그렇지만 이를 통해서도 의식 영역들 사이의 무자비하고 절대적인 분리는 사라지지 않는다. 언어가 지니는, 공동의 언어가 지니는 탁월한 의미를 루트비히 비트겐슈타인이 밝혀냈다. 어쩌면 내가 다른 사람의 인격에 대한 유비 추론7)이라는 진부한 이야기들을 할 것으로 예상할지도 모르겠다. 하지만 이런 이야기는 기껏해야 절반만 참이다. 어머니의 웃음이 자신의 전부인 아기가 어머니를 다정하게 찰싹 때릴 때, 이 아기가 유비 추론을 하지 않음은 매우 확실하다. 그러나 [타인의 인격에 대한 인식이 대개 직접적 경험으로부터 얻는 것이라고 해도] 우리의 세계관 중 극소수만이 자신의 감각적 경험에서 나오는 것이고, 그보다 훨씬 많은 부분은 다른 사람들의 감각 경험들로부터 얻는다는 것만은 사실이다(그리고 대개는 살아 있는 사람들의 소통이 아니라 글과 인쇄물에 보존된 언어적 소통이 대다수를 차지한다).

인식론의 유일한 과제는 아니지만 분명 가장 까다로운 과제는, 앞에서 자주 언급한바 [여러 사람의 의식이] 사적이고 서로 분리되

---

7) (역주) 우리는 타인의 몸을 직접 보거나 만질 수 있지만 타인의 마음은 그럴 수 없다. 그렇다면 타인이 정말로 (나와 마찬가지로) 마음을 지니는지, 그리고 타인이 어떤 마음을 지니는지에 대해서는 어떻게 알 수 있는가? 많은 철학자와 심리학자는 이를 설명하기 위해, 우리가 이른바 유비 추론을 한다고 주장한다. 나는 내 몸과 내 마음에 대해서는 이미 알고 있으며 내 몸과 내 마음 사이의 관계에 대해서도 이미 알고 있다. 따라서 내 몸과 내 마음 사이의 관계를 (직접 지각되는) 타인의 몸과 (직접 지각되지 않는) 타인의 마음 사이의 관계에 유비적으로 적용하여 타인의 마음을 (간접적으로) 추론해 낸다는 것이다.

어 있다는 특징이 (사라질 수 없기 때문에) 조금도 사라지지 않으면서도 그래도 상호이해라는 것이 시작될 수 있음을 그 시발점에서부터 이해하는 일이다. 일단 이것을 이해한다면 실제 언어가 생겨나고 예컨대 아티카 그리스어[8])와 같은 완전한 언어로까지 발전하는 과정에 대해 어느 정도 이미지를 떠올려 볼 수 있으리라. 이런 이미지의 세세한 부분들은 일단 여기에서는 중요하지 않다. 처음 서로를 이해하는 데 중요한 역할을 했던 것은 자신의 의지를 다른 사람 내부로 투입하는 것이었으리라. 그러니까 언어는 그 본성상 무언가를 전달하기 위해 시작한 것이 아니라, 때로는 격렬하게 때로는 온건하게 자기 욕구를 표현하기 위해, 즉 감탄, 청유, 명령, 경고, 위협 등을 위해 시작된 것이다.

다른 사람을 단지 유비에 의해, 다시 말해 모습과 행동이 나와 유사함으로부터 추론하거나 단지 추측한다는 말은 내게는 그릇되게 여겨진다. 그 이유에 대해 좀 더 상세히 말하고 싶다. 아기는 엄마를 포함해서 주변의 다른 사람들만 인격적 존재로 여기는 것이 아니다. 때로는 친밀한 우정으로 엮인 동물들도, 심지어 주변의 물건들조차 인격적 존재로 여기기도 한다. 아기는 자기를 아프게 한 책상 모서리를 맴맴한다! 여기에서 그것의 모습이나 행동이

---

8) (역주) 이오니아 방언 중 하나로, 많은 고전 그리스 문학이 이 언어로 쓰였다.

나와 비슷한지 아닌지는 아무래도 좋다. 아기는 가지째 잘라 유리
컵에 꽂아 둔 꽃이 시들 때면 마음이 아프다. 사실 우리[어른]도 마
음 아파한다. 그러므로 차라리 정반대로 생각할 수 있을 것이다.
자기 주변의 모든 것을 살아 있는 것으로, 무언가를 원하고 느끼
고 또 의식하는 것으로 보는 것이 인간에게는 자연스럽다. (선사시
대와 역사시대를 모두 살펴보아도 알 수 있지만) 인간은 점진적으로
'참으로 감각과 생명이 없는 존재'를 가려내기 시작했던 것이다.
그리고 인간은 스스로를 특별히 영리하다고 생각할 경우 때로는
데카르트처럼 지나치게 나아가기도 한다.9) 그렇다고 야만인들만
이 뇌우나 주물呪物에 영혼이 있다고 생각한 것은 아니다. 최소한
교양 있는 그리스인들도 자연에 상상의 존재들이 살고 있다고 공
상했다.

> 이 동굴마다 산의 요정 오레아데스가 가득하고,
>
> 나무마다 나무의 요정 드리아데스가 살며,
>
> 사랑스런 물의 요정 나이아데스의 항아리로부터
>
> 강물의 은빛 거품이 솟구친다.

---

9) (역주) 데카르트는 인간을 제외하면 동물까지도 정교한 기계 장치에 불과하다고
   보았다.

늘 숭고의 감정을 불러일으키던 천둥 번개는 제우스의 노여움의 표현이었다. 그리스철학 학파 중 가장 오래되었고 여러 면에서 가장 냉정했던 이오니아학파는 고대에서부터 이미 물활론자라고 불렸는데, 모든 물질이 살아 있다고 여겼기 때문이다. 물론 그렇다고 해서 꼭 영혼이 깃들어 있다고 여겼던 것은 아니다.

이제 우리는 어떻게 (감각하는) 생물과 무생물을 진지하게 구별하겠는가? 여기에 대해 합리적으로 대답할 수 있다면, 앞서 제기된 물음에 대한 열쇠를 가지게 될 것이다. 그 물음은 의식 영역들이 서로 엄격하게 분리된 사적 영역임에도 불구하고, 서로에 대해 밀폐되고 차단되었음에도 불구하고, 그들 사이의 이해가 일어나는 일이 대체 어떻게 가능한가, 그리고 이러한 이해가 문명인들 사이에서 놀라울 만큼 완전하고 섬세하게 이루어지는 일이 어떻게 가능한가라는 물음이었다. 언뜻 보기에 이런 일은 정말로 불가능해 보이는 것이다. 마치 로제타석 발견 이전에는 이집트 문자 해독이 불가능했던 것처럼.

이렇게들 말하곤 한다. 스스로 움직이는 것은 살아 있는 것이다. 이런 규정은 우리에게 도움이 전혀 되지 않는다. 게다가 이런 규정 때문에 가령 플라톤과 아리스토텔레스는 그릇되게 별을 신으로 여기기까지 했다. 그리고 아낙사고라스는 이런 규정에 동의하지 않기에 하마터면 화를 당할 뻔했고 친구이자 제자인 페리클

레스에 의해 늦지 않게 감옥에서 구조되어 달아났던 것이다. 영예로운 자유 공화국 아테네는 그 도시국가를 먹여 살리는 노동을 하던 노예들을 제외하고는 모든 인간이 동등하던 모범적 공화국이었지만, 날카롭게 사유하며 자기 사유를 공공연히 표현하던 사람들에게는 위험한 곳이었음을 우리는 알고 있다(사실 플라톤에게는 이런 일이 일어나지 않았고 아리스토텔레스도 에우보이아 섬으로 물러나 그곳에서 죽음을 맞이했다). 하지만 이는 여담일 뿐이다.

나는 이렇게 생각한다. 인간은 처음에 자기 몸을, 마음대로 이리저리 움직일 수 있는 유일한 외부 세계의 물체로 여긴다. 달리 말하면, 자기 몸의 어떤 움직임을 원하면 대략 자신이 원하는 방식대로 이런 움직임이 일어날 것임을 어느 정도 확실하게 예견한다. 그다음에는 타자의 몸을 감각을 가지고 살아 있는 몸으로 여기게 된다. 이런 일이 일어나는 것은, 마음대로 움직이는 자기 몸을 가지고, 그것도 대개는 자기 손을 가지고 타자의 몸을 만지면 그 타자의 몸이 대개의 경우 예견하지 **못하는** 움직임을 보일 때이다. 다시 말해, 가령 어떤 물건을 밀거나 책상에서 떨어뜨리거나 던지는 등의 행동을 하는 경우에는 분명 자기 손이 그 물건의 움직임을 일으켰음을 익히 잘 알고 있는데, 타자의 몸은 이와는 다르게 반응하는 것이다. 그런데 우리는 여기에 곧 덧붙여야 한다. '살아 있음의 검사'는 만짐을 통해서뿐 아니라 다른 여러 방식으로 일어나며, 그중 가장 자주 일어나는 방식은 다음과 같다. 어떤 대상이 살아 있는지 검사하기 위해 (이 대상이 눈을 가진 것처럼 보인다면) 우리는 그 대상의 눈앞에서 우리 손을 움직이거나 우리 손이 잡은 물건을 움직여 본다. 아니면 그 대상을 부르거나 휘파람을 불어 본다. 이때 이 대상은 경우에 따라 자기도 목소리를 내거나 색깔이나 모양이 변하는 반응 등을 보여서 자신이 살아 있는 존재임을 암시할 수 있다.

지금까지 말한 것이 단순하고 빠르게 들릴지도 모르겠다. 하지만 원칙적으로 자기의 의식이라는 한계를 넘어설 수 없음에도 불구하고 다른 자아alter ego와 가장 광의에서 언어적으로 소통하는 일이 바로 여기에서 시작됨을 통찰하는 일은 내게는 중요해 보인다. 이제 언어적 소통이 일어나는 방식에 대해 서술할 것이다. 좀 더 간단하게 서술하기 위해 우리에게 가장 중요한 경우, 즉 타자의 몸이 나의 몸과 매우 비슷한 특징을 가진 몸인 경우, 한마디로 같은 종의 두 개체인 경우, 특히 두 인간인 경우를 생각해 보고자 한다. 이 경우 확인되는 것은, 자기 몸의 하나 혹은 여러 움직임(혹은 여기 준하는 일들, 가령 부르거나 휘파람을 부는 일 등)이 타자의 몸의 움직임과 동시에 일어나는 일이 되풀이되며, 때로는 제3의 사건과도 동시에 일어나는 일도 되풀이된다는 점이다. 여기에서는 이른바 모방 충동이 중요한 역할을 한다. 우리는 이를 '다른 사람들이 행동하는 대로 행동하는' 아기와 원숭이뿐 아니라 성인 인간에게서도 늘 관찰한다. 가장 일상적으로는 패션이나 화장 등이 매년 바뀌는 일이 그렇고, 오랜 기간에 걸쳐 화법이 변하는 것도 그렇다. 특히 후자는 여러 세기에 걸쳐 언어가 변하는 데 매우 결정적인 영향을 미친다. 이러한 모방 경향이 어디에서 유래하는지를 여기에서 논할 필요는 없겠다. 그러나 이런 모방 경향으로 인해서 동시적인 두 움직임(혹은 움직임들의 두 집합), 즉 내 몸의 움직임과 타인의 몸의 움직임이 쉽사리 아주 비슷해진다. 예를 들어 무언가가 몸을 건드려 주의를 끌면, 두 몸은 모두 자기 손가락으로 제3의 대상(개)을 가리키면서 "멍멍이"라고 말할 것이다.

이에 대해 일단 몇 가지를 지적하고자 한다. 첫째, 이처럼 움직임들이 동시에 일어남을 인식하는 일은 자기 몸에 대해서, 그리고 환경 속에서 자기 위치를 정위定位하는 데 대해서도 이미 근본적 의미를 지닌다. 보이는 것과 만져지는 것과 때로는 들리는 것이 동시적임을 자각해야 통일적 공간 표상이 만들어지며, 그러한 통일적 공간 표상 안으로 우리 자신의 몸의 부분들과 환경의 다른 요소들이 편입될 수 있다. 이에 대해 세세하게 논하지는 않겠지만, 다만 '환경Umgebung'이라는 일상적 표현을 계속 쓰는 일에 대해서는 양해를 구해야겠다. 사실 자기 몸도 환경에 귀속되기 때문에 '둘러싸는umgeben' 것은 아무것도 남지 않기 때문이다('주변 세계Umwelt'라는 표현도 마찬가지이다). 둘째, 멍멍이 같은 말을 비롯해 아이들이 잘 쓰는 많은 말들, 그리고 베리베리, 탐탐, 체체 등 원시 언어의 단어들, 심지어 인도유럽어족 동사들에서의 첩어, 그리고 두운, 모음 압운, 각운이 주는 쾌감 등은 말을 반복하는 경향에 대한, 여기에서는 특히 자기 말을 반복하는 경향에 대한 증거로 보인다. 셋째, 내가 듣기로는 언어 교육에서 효과적인 벌리츠Berlitz 교수법이 앞에서 대략 묘사한 도식에 따라 이루어진다. 이 교수법은 가령 교사와 학생 양자가 이미 지니고 있는 다른 언어에 대한 지식을 기반으로 하여 새로운 언어를 가르치는 일을 피한다. 넷째, 아기는 적어도 자기가 배우는 첫 번째 언어는 벌리츠 방식으로 배우는데, 대개 엄마 그리고 손위의 형제자매에게서 배운다.

이러한 근원적인 모방 경향으로부터 여러 세대를 거치면서 점진적으로 언어적 소통은 점점 섬세해진다. 언어의 **역사**에 대한 연구에서 이런 과정을 추적하는 일은 거의 불가능하다. 왜냐하면 이런 일들이 맨 처음에 어떻게 일어났는지를 언어사 연구에서 해명하려고 하더라도, 이러한 언어사 연구 자체가 이런 일들이 일어나고 나서도 오랜 세월이 흐른 다음에야 비로소 나타났기 때문이다. 인류 문화사 일반도 이와 비슷하다. 그러나 예를 들어 오스트레일리아 태즈메이니아 섬 원주민이 이미 먼 과거가 되어 버린 석기시대를 대신 보여 주는 것처럼, 문화기술지 학자들도 매우 다양한 발달 단계의 언어들이 그렇게 나타나는[면 과거의 모습을 보여 주는] 것을 발견했다. 나 개인적으로 (남의 이야기를 통해서만 아는 것까지 통틀어) 내가 아는 몇 안 되는 언어들 중에서 제일 놀라운 사실은 다음과 같다. 산스크리트어, 그리스어, 아랍어, 히브리어 같은 신성한 **고대** 언어들은 '문법'이 단순하지 않고 매우 까다로운데, 분명 이에 반해 진보한 언어인 영어에서는 본질적 규칙들이 걱정스러울 만큼 적다. 그래서 교양이 적은 외국인들이라도 영어를 쉽게 이해하고 더듬거리며 말하기를 배울 수 있다. 물론 다른 영어권 국가에서도 가장 위대한 지성인들, 가령 찰스 셰링턴, 버트런드 러셀, 길버트 머리Gilbert Murray 등만이 명료하고 이해할 수 있는, 따라서 독자나 청자가 희열을 느낄 만한 영어를 구사한다.

그래도 언어 발생Sprachgenetik을 가장 잘 이해하는 길은 아마 아기가 어머니나 형제자매로부터 첫 언어를 배우는 일을 살펴보는 것이리라. 여기 비견할 만한 일은 수정란으로부터 태아가 발달하는 [개체발생의] 과정을 보면 이 종의 계통발생의 진화 과정에 대해 정확하지는 않아도 어느 정도 표상할 수 있다는 사실이다. [유아의 언어 습득 상황을 재현하는] 성인에 대한 벌리츠 교수법도 이 분야의 실험으로 볼 수 있다. 다윈 자신이 자연선택 원리를 생생하게 보여 주고 정당화하기 위해 항상 개, 비둘기, 말, 튤립을 키우는 일을 활용했던 것과 마찬가지이다. 그러나 물론 벌리츠식 교육을 받는 사람은 아무것도 쓰여 있지 않은 빈 서판이 아니다. 동료 학생 및 교사와, 아니 모든 다른 사람들과 하나의 동일한 세계 안에서 살고 있음을 이미 알고 있다. 아니, 분명 적어도 **하나의** 언어를 이미 배웠다. 대부분의 경우 이런 것이 무엇인지 알고 있고 적어도 느끼고 있을 것이다. 게다가 배우는 언어는 대개 [자기가 이미 알고 있는 언어와] 적어도 본질적인 면에서는 동일한 문법을 가지고 있다. [이미 아는 언어와 새로 배우는 언어가] 가령 헝가리어와 아랍어일 수도 있고 아랍어와 스웨덴어일 수도 있지만, 아무래도 마찬가지이다. (버트런드 러셀은 철학적 선입견의 위험을 지적한 적이 있는데, 내가 보기에 이런 지적은 아주 적절하다. 모든 발달한 언어들이 동일한 문장 구조를 지니기 때문에, 즉 주어, 술어, 직접목적어, 간접목적어로 문장이 구성되기 때문에 이런 선입견이 생기는 것이다. 이러한 문장 구조로부터 실체와 우유substantia et accidens라는 저 쉽게 사라지지 않는 교설이 나타난다. 그뿐 아니다. 바로 자연과학에서 지난 수십 년 동안 신비로운 후광으로 덮인 주체와 객체의 분리도 그로부터 생겨났다. 아니, 차라리 저 신비적이고 소위 재발견되었다는 [주체와 객체의] 비분리도 그로부터 생겨났다. 나아가 새로 부활한 저 동일자 식별불가능성 원리identitas indiscernibilim[10])도 그로부터 생겨났는데, 이는 사실 더 하위 차원에 있는

---

10) (역주) 어떤 것들이 서로 동일하다면 그 속성들도 모두 동일하기 때문에 서로

파울리의 배타 원리[11]를 표현하는 것이다. 그리고 파울리의 배타 원리는 또한 폴 디락의 좀 더 일반적인 정리에 대한 근사近似 원리로 간주되어야 한다. 이 밖에도 여러 가지 선입견이 이처럼 여러 언어에 공통적인 문장 구조에서 나오는 것이다.)

여기에서 언어 발달의 시초에 대해, 의사소통의 점진적 개선에 대해 아마추어의 환상을 늘어놓는 것은 어떤 합리적 목적에도 도움이 되지 않을 것이다. 하지만 최근 내가 읽은 어떤 제안은 매우 깊은 인상을 주었기에 굳이 언급하고자 한다. 애석하게도 저자와 출처는 기억할 수 없다(영어인 것은 확실하고 아마 《사이언스 뉴스Science News》나 《더 리스너The Listener》에서 읽은 듯하다.[12] 요즘 병 때문에 다소 산만하게 독서를 했고 대개 메모도 하지 않았기 때문이다). 그것은 다음과 같은 생각이다. 언어의 가장 오랜 근간은 주변 환경에서 일어나는 외부 사건들을 혀나 턱 등의 위치로 모방하고 이렇게 언어 기관들을 고정(혹은 운동)하면서 거기에 음성을 실어 내보내려는 무의식적 시도에서 유래한다는 것이다. 이것은 문헌학에서 오

식별 불가능하다는 원리.

11) (역주) 1924년 볼프강 파울리가 원자에서 방출되는 빛의 유형을 설명하기 위해 제안한 것으로, 동일한 원자 내에 있는 2개의 전자는 동일한 순간에 동일한 상태에 있을 수 없다는 원리.

12) (역주) 영역본에 따르면 출처는 다음 논문일 가능성이 높다. R. A. S. Paget, "Origin of Language", *Science News*, 20 (1951), p. 77.

래전부터 입을 모아 '의성어'라는 개념으로 부르는 것을 매우 일반
화한 것이다(독일어의 '쐬 소리 내다sausen', '쉿 소리 내다zischen', '엉엉
울다heulen', 히브리어에서 '파리 대왕'을 뜻하는 '베엘제불בעל זבוב', 이탈리
어의 '모기zanzara' 등이 그렇다). 이처럼 의성어 개념을 일반화함은
이러한 모방의 시도가 소리들에만 한정되는 것이 아니라 사건이
지니는 다른 특징들까지 확장된다는 데 있다. 가령 들다, 내리다,
밀고 들어가다, 가로막다, 장애를 치우다, 비스듬히 세우다, 갑
작스러움, 느림 등이 그렇다는 것이다. 여기에서 착각하기 쉽다.
상당수의 경우에는 오랜 역사적 발전을 겪어 온 살아 있는 단어들
까지 모두 이런 견해에 들어맞는 것처럼 보인다. '굳은fest'과 '느슨
한lose', '단단한starr'과 '부드러운weich' 같은 단어 쌍들은 그 의미를
서로 바꾼다면 덜 적합하게 들린다. 가령 영어의 (거의 국제적으로
알아듣는) '멈추다stop'와 '가다go'도 그렇다. 이 쌍에서 모음은 전자
의 단어에서는 짧게 말해지지만, (교통 법규에서 녹색등을 뜻하는)
후자의 단어에서는 다소 늘어진 복모음이다.

어쨌든 내가 보기에는 다른 사람들로부터 들은 소리들에 따라
서, 그리고 이와 동시에 관찰된 사건들에 따라서 자기도 소리를
내려는 충동이 상호 소통을 위한, 언어 발달을 위한, 그리고 우리
가 모두 하나의 동일한 세계 안에 살고 있음을 인식하기 위한 첫
번째 토대인 것 같다. 비유적으로 말하자면 우리는 마치 거울을

보듯이, 우리 자신을 다른 사람 안에서 본다. 그러나 이런 표현은 매우 일반화한 것이다. 왜냐하면 진짜 거울 이미지는 원래 이미지의 운동을 모방하여 보여 주기는 하지만, 소리를 모방하지는 않기 때문이고 또 만질 수도 없기 때문이다. 물론, 굳이 덧붙이자면 이처럼 일반화해서 [자기 몸의] 거울 이미지라고 부르는 그것은 대개의 경우 마치 자기 몸과 마찬가지로 따뜻한 것처럼 느껴지기는 한다. 수풀에서 토끼가 튀어나와 저 멀리 달려간다. 다른 사람과 내가 그것을 보고 둘 다 팔을 들어 저 움직이는 모습을 가리킨다. 그러면서 같은 소리를 낸다. 가령 "부"라고 말한다고 하자. 그러면 나는 이 '부'가 나에 대해서뿐 아니라 다른 사람에 대해서도 거기 있음을 안다. 우리는 가령 곰이나 고릴라를 인지할 때는 다른 음절을 낸다. 이런 일에서 자기 인격의 전부라 할 수 있는 기억이 결정적 역할을 한다는 점은 당연하지만, 지금 자세히 분석하지는 않겠다. 또한 나는 공동성의 감각이 생기는 것이 일차적으로 언어 때문이라고 말하지만, 그렇다고 가령 저녁에 나무에 앉은 참새들, 멀리 여행하는 철새들, 벌들, 농가의 닭이나 오리가 자신들이 동일한 세계 안에서 산다는 것을 아직 배우지 못했다고 주장하려는 것은 아니다. 오히려 그 반대이다. 그들은 자기들이 동일한 세계 안에서 산다는 것을, 우리 인간 종의 저 수많은 가련한 이기적 독불장군들보다도 훨씬 잘 알고 있다. 오직 우리 인간만 언어가 있다는 젠체하는 오판이 진지하게 받아들여지던 시대가 이미 오래 전에 지나갔음도 사실이다.

우리는 의식 영역들이 서로 결정적으로 분리되어 있고 서로 완전히 배제하므로 상호 침투가 불가능하기 때문에 우리가 (이른바 외부에 대해) 경험하는 사건들의 어떤 한 부분이 서로 상당히 유사하고 거의 동일하기까지 함을 어떻게 확인할 수 있을지에 대해 처음에는 한동안 의심했다. 하지만 우리가 바로 [언어라는] 이 지점을 통한 소통의 가능성을 일단 통찰하면, 그리고 어떤 언어를 능란하게 구사함으로써 다행스럽게도 이런 소통 수단을 보유하게 되면, 곧바로 이러한 소통의 정확성을 과대평가하는 경향이, 이러한 소통에 넘어설 수 없는 한계가 있음을 잊어버리는 경향이 나타난다. 내가 매우 높이 평가하는 책인 프리드리히 블라츠Friedrich Blatz의 《현대고지독일어 문법Neuhochdeutsche Grammatik》13)의 첫 페이지에서, 즉 언어의 **개념과 본질**을 다루는 1장에서, 어제 나는 다음과 같은 문장을 읽었다(Karlsruhe, 1895). 단어는 분절음들로 이루어지며, 이를 통해 화자는 해당 관념을 지시하고 청자는 해당 관념을 이해한다. 나는 여백에 연필로 "**늘 그렇지는 않다**"라고 메모하지 않

---

13) (역주) 현대고지高地독일어는 독일의 남부와 중부 지역에서 사용하는 독일어로서 독일의 표준어이다.

을 수 없었다. 덧붙이자면 내가 그렇게 쓴 이유가 '~이므로', '~이지만', '~임에도 불구하고', '~ 없이' 등의 단어들은 아무것도 지시하지 못하므로 저자의 이런 표현이 다소 불충분하다는 것만은 아니다. 그다음 페이지, 언어의 기원을 다룬다는 2장에서 "말의 기초이자 전제 조건은 생각"이라는 간결한 문장을 읽고 나서 거기 여백에도 **똑같은** 말들을 썼다. 루트비히 볼츠만은 우리의 주제와 비슷한 주제를 다루는 어느 글의 서두[14]에서 이런 일화를 전한다. 한번은 남동생[15]과 함께 학교 도서관에서 철학책(데이비드 흄의 책이었던 것 같다고 한다)을 신청했지만, 자기가 이해 못 하는 영어 원서밖에 없어서 실망했다. 이 형제는 자주 논쟁을 벌였었다. 루트비히는 개념을 처음 도입할 때는 언제나 완벽히 명료하게 정의해야 하고 또 그렇게 정의할 수 있다는 이상을 지녔지만, 동생은 이런 일이 불가능하다고 선언했던 것이다. 이 위대한 물리학자는 (이날의 토론에서는 패배했음에도 불구하고) 이 이상을 한 번도 잊지 않았고 가능한 한도까지 이 이상에 접근했다. 그러나 그 순간 당시에는 동생의 재치 있으면서도 심오한 조롱 때문에 낙담했다. "[흄의] 그 작품이 형이 기

---

14) (원주) *Wiener Berichte*, 106 (2a), p. 83, 1897. 볼츠만의 다음 글에도 출간되었다. "Über die Frage der objektiven Existenz der Vorgänge in der unbelebten Natur", *Populären Schriften*, Leipzig: J. A. Barth, 1905, No. 12.

15) (역주) 폐결핵으로 17세의 나이에 요절한 두 살 아래 동생 알베르트 볼츠만 Albert Boltzmann을 말한다.

대하는 그런 걸 이루었다면, [그 작품의] 언어는 중요하지 않아. 왜냐하면 어차피 모든 단어가 사용되기 전에 명료하게 정의되어 있을 테니까." 덧붙이자면 볼츠만은 자기가 찾았다는 책의 저자를 (흄으로) 착각했거나, 아니면 사람들의 허풍에 속아 이런 말을 믿게 된 것이리라. 왜냐하면 데이비드 흄처럼 그리도 가볍고 고민 없이 말하며(나는 '수다 떠는'이라고 쓸 뻔했다), **바로 그 이유로 그토록 이해하기 쉬운** 사람을 나는 만나 본 적이 없기 때문이다. 그런 사람을 심오한 사상가들(흄도 분명 그중 한 명이다) 가운데서도 만나 본 적이 없고, 오늘날까지도 즐겨 읽히는 과거의 저자들 중에서도 만나 본 적이 없다. 흄은 일상의 의미보다 조금 더 미묘한 의미들을 가진 단어들까지도 수고스럽고 알아듣기 힘든 정의를 내리지 않고도 그 단어들을 적절한 문맥 안에 넣기만 한다면 그 단어들이 저절로 설명된다는 천진난만한 믿음을 가지고 있다. 달리 말하자면 어휘보다는 구문론이 중요하다는 것이다. 괴테는 이렇게 말한다.

> 무언가 진지하게 말하려면
> 먼저 말부터 추적해야 하는가?
> 지성과 올바른 감각만으로도
> 기교 없이도 저절로 드러난다.[16]

수학자이며 멋진 사교가이자 익살꾼인 내 친구 존 싱John Lighton Synge 교수는, 대중을 위한 소책자(《과학: 의미와 무의미Science: Sense and Nonsense》, London: Jonathan Cape, 1951)에서 〈악순환Vicious Circles〉이라는 제목의 1장에서 악순환을 이용해서17) **단일어 사전** (예를 들어 《콘사이스 옥스퍼드 사전Concise Oxford Dictionary》)을 가볍게 조롱했다. 해당 언어를 잘하면서도 그런 사전이 필요하다고 여기는 사람에게 이런 사전이 지닌 가장 큰 유용성은 다음과 같다. 사전에서 어떤 단어를 찾아본다. 그 단어는 그 단어와 같은 언어에 속하는 다른 단어 세 개나 다섯 개로 설명되어 있다. 그 단어들을 각각 같은 사전 속에서 다시 찾는다. 계속 그런 식으로 진행한다. 그 사전에 들어 있는 단어는 유한하므로, 어떤 단어든지 언젠가는 반드시 반복될 수밖에 없다. 실제로는 대개 몇 단계만 진행하면 이미 다시 나타난다. 하지만 그렇게 되면 이 첫 번째 단어에 대한 설명은 논리적으로 오류임이 드러난다. 다시 말해 이 귀중한 책의 모든 행은 엄밀한 논리학 관점에서는 오류이다. 다른 언어를 사용하거나 나아가 (말하기도 끔찍하지만) 삽화를 사용하는 것은 이른바 게임 규칙에 의해 금지된다. 또 다른 한 익살꾼도 스

---

16) (역주) 《파우스트》의 제1부 1장에 나오는 대목이다.
17) (역주) 여기에서 '악순환'은 순환논증의 오류를 뜻한다.

페인 학술원 백과사전 속에서 농담을 통해 이 게임의 심오함과 진지함을 드러내려 했다. 그는 흔한 애완동물인 고양이와 구별하여 '개perro'라는 단어를 설명했는데, 이런 설명을 위해 오스트리아 일상어에서 '다리 들기Haxelheben'라고 부르는 성인 수컷의 습성을 들었다. 물론 이 농담은 엄숙하고 현학적으로 이루어졌다. "수컷은 소변을 볼 때 뒷발 하나를 든다patas posteriores, una de las cuales suele alzar el macho para orinar."

3장

소통의 불완전함

앞 장에서는 서로 간의 소통이 생겨나고 '우리 모두 같은 세계 안에 산다'라는 인식이 생겨나는 방식에 대해 어쩌면 지나치게 포괄적이고 너무 듬성듬성 서술했다. 그러나 이 공동의 세계가 '현실'이 아니라고 고집하고 싶은 기분이 드는 사람이더라도, 내가 보기에는 이런 방식이 실제 일어나는 방식이라는 것만은 부정할 수 없을 것이다. 이 점을 인정하는 사람과 굳이 공동의 세계가 현실인지 아닌지 언쟁하지는 않으려다. 적어도 당장은 그러지 않으려 한다. 현실, 실존 등은 공허한 말들이다. 내게 중요한 것은 오직 이것뿐이다. 설령 우리 경험 중 (외부 대상에 대한 경험이라고 부르는) 일부분을 우리가 상당 정도 공유함은 동종의 '조형 가능한 표면'에 동일한 형판型版을 누르면 매우 유사한 구조들이 만들어지기 때문이라고 인정할 수밖에 없다 하더라도, 이것만으로는 세계의 공동성에 대한 우리의 인식을 설명하거나 보장할 수는 없다. (나는 이렇게 인정하기를 추천하지 않지만) 현실적 외부 세계를 감각을 일으키는 원인으로 인정하고 그다음에 수미일관한 논리에 따라 우리의 의지적 행위에 의해 거기에 작용을 가할 수 있는 어떤 것으로 인정한다면, 어떤 위험이 나타난다. 그 위험은 공동성에 대해 이렇게 설득력 있게 설명한 다음에 이 공동성에 대한 우리의 지식도 자명하고 완전하다고 받아들이고 따라서 이러한 완전성이 어디에서 유래하는지, 그리고 이러한 완전성이 어느 정도인지에 대해 더이상 염려도 하지 않는 것이다. 이것은 논쟁거리가 아니라 한마디로 틀린 것이다.

자연과학은 결코 목표에 이를 수 없다고 흔히 이야기한다. 어떤 이론에 대해서는 그것이 [목표를 향해] 변화할 수 있는지 **여부**를 묻기보다는 그 변화의 방향만을 물어야 한다는 것이다. 또한 고트홀트 레싱이 말했듯, 지적인 작업의 행복은 눈앞의 이상을 향한 노력에 있는 것이지, 꼭 그 이상의 달성에 있는 것이 아니라는 것이다. 이른바 정밀과학에서는 대부분 이런 생각, 즉 우리의 사유 이미지들이 자연을 완전히 재구성하는 일은 결코 이룰 수 없으리라는 생각이 지배적이다. 하지만 여기에서 우리가 통찰하고 주장하는 것은 이런 생각을 넘어서 더 나아간다. 인간 사이의 소통만 하더라도 완전히 확실하고 명료하게 이루어질 수 없다는 것이다. 이런 완전한 소통은 우리가 늘 조금씩 더 다가갈 수는 있을지언정 결코 도달할 수는 없는 목표이다. **이 이유 때문에라도 이미 정밀 과학은 결코 참으로 가능하지 않다.** 이런 이야기에 대해서 매우 적절하지만 다소 약한 비유를 들 수 있다. 산문이나 압운 없는 단순한 운문을 번역할 때 그 충실성과 탁월성에는 넘기 어려운 한계들이 존재한다. 셰익스피어의 극작품이나 성서처럼 중요한 책들의 경우에는 여러 세대 동안 충실하고 탁월한 번역을 완성하기 위해 애써 왔으나 어느 세대도 이전 세대의 결과물에 완전히 만족하지는 못했다. 물론 부분적으로는 그 책을 번역하는 대상 자국어 자체가 끊임없이 그리고 비교적 빨리 변하기 때문이기도 하다. (영어 단어 'bath'와 'bathe'는 내가 어릴 때는 각각 '목욕'과 '목욕하다'라는 뜻이었다. 그러나 요즘은 이 두 단어 모두 두 의미를 다 가진다. 다만 첫 번째 단어는 욕조 안에서 목욕하는 것을, 두 번째 단어는 강이나 바다나 수영장에서 미역 감는 것을 주로 뜻한다. 천 년 전에 말하고 글로 쓰던 독일어는 단지 고트어가 아니라 정말 독일어인데도, 사전 없이는 혹은 현대고지독일어로 번역하지 않으면 이제 이해할 수 없다.) 위에서 나는 적절하지만 다소 약한 비유일 것이라고 했다. 왜 너무 약한가? 이미 언급한 것처럼, 우리가 흥미를 가지는 대다수 언어들은 [상호 소통하는 사람들 각각의 의식과는 달리] 서로 구조가 아주 비슷하기 때문이다. 그러나 [또 꼭 그렇지만은 않은 것이] 나는 일전에 《도덕경》에 대한 서로 다른 독일어 번역본 두 가지를 얻은 적이 있다. 내가 기억하기로 이 두 번역본이 같은 중국 소책자를 번역한 것임을 알 수 있는 곳은 몇 군데밖에 되지 않는다. (덧붙이자면 '소'책자라고 한 것은 얕잡아 보는 표현이 아니다. 어느 익살꾼은 저 유명한 텍스트가 그렇게 짧아서 짐짓 놀란 척한다. 그러니까 노자는 이 책을 통관 절차를 기다리는 동안 썼다는 것이다.)

매우 높은 교양을 지닌 사람들도 상호 소통 면에서 거의 넘어설 수 없는 장애물이 있다. 감각들이 지니는 어떤 질에 대한 상호 소통이 그렇다. 그러나 이것은 그렇게 중요한 점은 아니고 또 이것은 이미 자주 강조되었기에 우리는 여기에 너무 오래 머물지는 않을 것이다. 예를 들어 다음과 같은 물음이 자주 제기된다. 당신이 이 잔디의 녹색을 나와 똑같이 본다는 것이 실로 확실한가? 이 물음은 대답될 수 없고 우리는 이런 물음이 의미 있는지도 물을 수 없다. (그리 적절치 못하게 '부분색맹'이나 '적록색맹'으로 불리곤 하는) 이색형 색각자二色型 色覺者[18])에게도 가시광선 스펙트럼은 정상적

---

18) (역주) 망막에 적색, 녹색, 황색 세 가지 원뿔세포 중 한 가지가 결손되거나 기능 이상이 있어서 그 원뿔세포에 해당하는 색깔 인식에 장애가 있는 색각자.

인 삼색형 색각자[19]와 똑같은 정도로 다양성을 지닌 색깔 띠로 나타난다. 이 사람은 두 가지 진한 보색(A와 B라고 부르자)을 온갖 비율로 (팔레트에서는 아니지만) 중첩[20]하여 혼합한다. 순수하고 진한 A부터 중간의 회색을 거쳐 순수하고 진한 B까지 모두 만드는 것이다. 여기서 말한 것은 객관적으로 입증할 수 있다. 그러나 이색형 색각자가 그 스펙트럼 중에서 아직 볼 수 있는 최극단 적색과 최극단 자색이 **정상적 삼색형 색각자의 색 감각과 비교하여** 자신에게 **어떻게** 보이는지는 물론 절대적으로 입증 불가능하다. (이처럼 근본적으로 입증 불가능한 것에 대해 이러쿵저러쿵 추정하는 것 자체가 어처구니없는 일이라고 여기지만 않는다면) 이에 대한 이론적 추정은, [녹색맹인] 이색형 색각자는 장파장인 (적색) 말단에서 진한 황색을 보며 이 황색의 채도가 줄어들다가 중립적 지점(회색)에 이르면 사라지고 거기부터는 청색이 차츰 진해진다는 것이다. 한쪽 눈만 이색형 색각자이고 다른 쪽 눈은 삼색형 색각자임을 객관적으로 입증할 수 있는 어느 젊은이는 이런 추정을 확인해 주었다. 물론 이러한 확인은 그가 진실을 말한다는 신뢰에 기초한다.

---

19) (역주) 망막에 세 가지 원뿔세포가 다 있어 정상적인 색 식별 능력을 보유한 정상 색각자.

20) (원주) 이 말은 두 개의 빛만이 동시에 동일한 광택 없는 하얀 표면에 비친다는 뜻이다.

(덧붙여 말하자면, 나는 객관적으로 입증할 수 있다는 표현을 두 번 썼는데, 이런 객관적 입증도 물론 피험자가 빛의 특정 혼합들이 서로 비슷하게 나타난다고 진술하는 데 기초한다. 물론 이러한 경우 피험자를 소위 교차 검증할 수 있고, 또 정확한 측정을 위해 반드시 그렇게 한다. 그러면 일부러 혹은 실수로 잘못된 진술을 하는 경우는 파악이 가능하며 따라서 '객관적'이라는 표현을 써도 무방한 것이다.)

나는 음악적 소양이 별로 없으므로 음이나 소리에서는 이런 관점에서 어떤지에 대해서는 이야기하지 않는 편이 낫겠다. 하지만 비슷할 것이라 생각한다. 우리가 서로 일치하여 어떤 소리를 말의 울음소리, 후드득 떨어지는 빗소리, 양철 깡통 열리는 소리, 참새의 지저귀는 소리라고 판단하는 것, 이 연주가 피아노 솔로인지 첼로 솔로인지 아는 것, 또 음악적 소양이 있는 사람들이 어떤 교향곡을 듣고 서로 비슷한 느낌을 받고 그에 대해서 어느 정도까지는 서로 소통할 수 있다는 것, 절대음감을 지닌 사람들이 같은 음을 같다고 표현하는 것, 이 모든 것은 여기에서 이야기하는 관점에 있어서는 소리 감각 영역이 색 감각 영역과 구별되지 않는다. 청각과 시각 사이의 두 가지 본질적 차이는 잘 알다시피 다음과 같다. 특히 연습이 잘된 사람은 각 음을 매우 정확히 분석할 수 있다. (꼭 화성이 아니더라도) 어떤 배음(倍音)의 존재와 강도 등을 매우 정확히 분석할 수 있다. 하지만 음 **방정**식은 존재하지 않는다. 다시 말해 기본음들을 다양하게 합해서 동일한 음을 만들 수는 없다. 이에 비해 스펙트럼의 수많은 기본 빛들을 아주 다양하게 혼합하여 만들어 낸 동일한 색이라면 일반적으로 서로 구별되지 않는다. 그리고 이런 이른바 **색채 방정식**들은 색깔 인지에 대한 연구에서 가장 중요한 역할을 한다. 스펙트럼의 장파장 쪽(빨간색에서 녹색까지)에서는 심지어 스펙트럼의 순수한 빛을 그 양쪽의 이웃하는 빛들을 혼합하는 것으로 다양하게 대체할 수 있는데(예를 들어 빨간색과 녹색을 섞어 노란색을 대체한다), 이때 눈은 어떤 차이도 감지하지 못한다. 이는 청각과 시각의 두 가지 큰 차이 중 하나이다. 또 다른 차이는 이렇다. 우리 눈으로 보는 감각질들은 비교적 다양성이 적은데, 말하자면 이를 보상하기 위해 우리 눈은 다양한 빛들이 눈에 이르는 방향을 매우 날카롭게 분간한다. 이를 통해 윤곽이 뚜렷한 시각장이 나타난다. 처음에는 이차원 시각장이 생겨난다. 그다음에 양쪽 눈으로 보면서, 그리고 촉각과 공조하면서, 이차원 시각장은 실재적인 삼차원 시각 공간으로 확장된다. 소리에도 '청각에 의한 방향 인지'가 전혀 없는 것은 아니지만 '시각에 의한 방향 인지'에 비해서는 파편적이다. 이러한 '청각에 의한 방향 인지'는 주로 두 귀의 공조에 의해 나타나는 것으로 보인다. 이것 역시 우리에게 그리 흥미로운 주제가 아닐 수도 있지만, 곤충들이 우리와 완전히 다른 방식으로 본다는 사실은 지적하지 않을 수 없다. 카를 폰 프리슈 교수는 주로 꿀벌에 대한 지치지 않는 천재적 실험들을 통해 지난 40년 동안 이를 연구했다.[21] 곤충의 방향 보기가 우리와는 완전히 다른 방식으로(이른바 겹눈을 통해) 이루어진다는 것은 오래전부터 알려져 있었다. 벌들은 우리처럼 삼색형 색각자이지만 그들의 시각 영역은 자외선까지 넓게 뻗어 있어서 우리의 [가시광선] 시각 영역에서는 [빨간색을 볼 수 없는] 이색형 색각자로 간주될 수 있다. 이는 우리가 장파장 영역(빨간색부터 녹색까지)에서 사실 이색형 색각자로 간주될 수 있는 것과 마찬가지이다. 여기에서는 순수한 노란색이 '중립 지점' 역할을 한다. 나아가 폰 프리슈는 태양빛의 부분편광이 벌들에게 생물학적으로 중요한 정향 수단임을 확인했다. 이 부분편광은 하늘의 다양한 부분들 속에서, 그리고 하루 중 다양한 시간대에서, 매우 복잡한 방식으로 법칙에 따라 변화한다. 우리는 전혀 인지할 수 없지만 벌들은 겹눈으로 이것을 지각한다. 나에게 더욱 경이로웠던 것은, 꿀벌과 파리의 눈이 초당 200개 이상의 개별 인상들을 서로 구별하여 받아들일 수 있다는 것이다. 우리에게는 최대 20개에 불과하다. 프리슈는 이렇게 덧붙인다. "우리가 파리를 잡으려

---

21) (원주) 가령 다음 문헌들을 보라. "Wie die Insekten in die Welt schauen", *Studium Generale*, x, 1957, p. 204; "Insekten - die Herren der Erde", *Naturwissenschaftliche Rundschau*, October 1959, p. 369.

할 때 파리가 대부분 무사히 빠져나가는 것도 의외가 아니다. 다가오는 손의 움직임을 슬로비디오 속도로 볼 수 있기 때문이다."

이제 조금 다른 것에 대해 이야기해 보자. 단모음 다섯 개를 색깔과 연결시킬 수 있는가라고 묻는다면, 대부분의 사람이 별로 의미 없게 받아들이기는 해도 짜증을 내지는 않을 것이다. 그러나 그들의 연상은 다양하다. 내 경우는 이렇다. a는 중간 밝기의 흐린 갈색, e는 흰색, i는 강렬한 파란색, o는 검은색, u는 초콜릿 같은 갈색. 내 생각에 이 연결은 변치 않는다. 그리고 여기에는 어떤 의미도 들어 있지 않다.

'누가 옳은가'라는 토론은 이 경우에도 완전히 무의미하다.

앞에서 감각에 대해 이야기한 것들은 이렇게 요약하는 것이 좋을 것이다. 우리가 감각적으로 파악한 세계에 관해 우리는 기껏해야 그 **구조**에 대해서만 소통할 수 있지, 세계를 이루는 그 구성 요소들의 질에 대해서는 소통할 수 없다. 여기에 대해 내가 보기에 중요한 **많은 주석**을 달 수 있다.

첫 번째 주석은 이렇다. 여기에서 말하는 상호 소통의 제한은 그렇게 부아가 치미는 제한은 아니다. 아니, 거의 이렇게 말할 수 있다. 구조에 대해서만이라도 장애 없이 명료한 합치를 이룰 수 있다면 이런 제한은 전혀 중요하지 않다고. 왜냐하면 이들 구조야 말로 순수하게 생물학적으로나 인식론적으로 보아 진정 흥미로운 것이기 때문이다. 내가 보기에 그 이유는, 이것이 우리의 두 **번째** 주석이기도 한데, 상호 소통이 구조에만 제한된다는 점이, 감각적으로 파악된 세계라는 영역을 훨씬 넘어서서 우리가 서로 전달하려는 모든 여타의 것들에도, 특히 [감각 영역보다] 더욱 높은 차원이자 가장 고차원의 학문적 사고와 철학적 사고에도 적용되기 때문이다. (단지 하나의 예에 불과하기는 하지만) 예를 들어 보면, 수학의 소위 공리화가 그렇다. 공리화는 어떤 기본 요소들(예컨대 자연수, 점, 직선, 평면 등)에 대해서 많은 기본 명제(공리)를 증명 없이 세울 수 있다. 예컨대 "모든 자연수는 하나의 그리고 오직 하나의 그다음 자연수를 가진다"라거나 "서로 다른 두 개의 점들은 언제나 하나의 그리고 오직 하나의 직선을 결정한다"와 같은 것이다. 그러면 이 공리들로부터 수학의(혹은 수학의 해당 분야의) 모든 정리들이 순수 논리적으로 도출되며 이 정리들은 기본 요소들이 지닌 직관적 의미와는 완전히 무관하게, 혹은 이 의미를 고려할 때 공리들이 납득이 가는지와는 전혀 무관하게, 언제나 옳다(이들은 오로지 모순이 없어야 하는데, 이는 증명하기가 종종 쉽지 않다).

공리화에 대한 특히 간단하고 명백한 예는 사영기하학, 가령 평면에서의 사영기하학이다. 여기에서 기본 요소는 **점**과 **직선**이다. 기본 개념은 임의의 한 유형의 요소와 다른 유형의 요소의 **결합 상태**라는 개념이다(직선 위에 있는 점, 혹은 같은 말이지만, 점을 관통

하는 직선). [먼저] 두 개의 공리는 임의의 한 유형인 서로 다른 두 요소는 모두 항상 다른 유형의 요소와 결합하며 그 요소는 유일하다는 것이다.[22] 또 다른 네 개의 공리는 여기에서 우리에게는 그리 중요하지 않다. 다만 이 공리들 역시 두 유형과 관련하여 대칭적이라는 점만이 중요하다. 이 공리들은 다음과 같다.[23] 임의의 한 유형의 세 요소가 다른 유형의 요소 **하나**와 결합될 때, [또 다른] 첫 번째 유형인 요소 하나를 앞의 세 요소의 유일한 조화공액調和共軛으로 정의할 수 있다(이 말이 무슨 뜻인지는 여기에서는 아무래도 좋다. 이 네 번째 공액을 추가함으로써 이 네 요소는 각각 동일하게 나머지 세 요소에 대해서도 공액이 된다는 뜻이라고만 알아 두면 된다).[24] 마지막으로, 앞에서 말한 조화 관계인 네 개 요소[첫 번째 유형] 각각과 결합하는 두 번째 유형의 요소 네 개가 있다고 하자. 만약 이

---

22) (역주) 가령 평면에서는 임의의 서로 다른 두 직선 위에는 유일한 점이 있으며, 이는 직선과 점을 바꾸어도 성립한다. 즉 임의의 서로 다른 두 점 위에는 유일한 직선이 있다.

23) (역주) 사영기하학에서 공간을 구성하는 공리계는 여러 가지로 정의될 수 있으나 그 내용은 대동소이하다. 여기에서 슈뢰딩거가 어떤 문헌을 참고했는지는 명시되지 않았다.

24) (역주) 첫 번째 유형을 점으로, 두 번째 유형을 선으로 생각하고 다음과 같은 예를 생각하면 쉽다. 점 A, B가 있다. 이 두 점을 지나는 직선 위에 세 번째 점 C가 있다. 그러면 조화작도를 통해 A, B, C를 지나는 직선 위에서 AC:BC=AD:DB를 성립하게 하는 유일한 점 D를 결정할 수 있다.

들이 첫 번째 유형의 다른 한 요소와 결합한다면 이들 또한 서로 조화 관계이다.[25] 이런 명제들을 더 쉽게 이해하려면, '첫 번째 유형의 요소'를 '직선'으로, '두 번째 유형의 요소'를 '점'이라고 하거나 그 반대로 해 보면 될 것이다. 이런 공리들은 완벽하게 대칭을 이루므로, 평면 사영기하학에서 올바르게 파생된 모든 명제들에서도 **어디에서나** 점과 직선이라는 말을 서로 바꿔 쓸 수 있다. 이를 통해 또다시 공리들로부터 논리적으로 도출되는 올바른 명제, 이른바 **쌍대적**雙對的 명제를 얻는다. 이런 쌍대적 명제 쌍에 대한 직관적 이미지는 일반적으로 상당히 상이한데, 쌍대성에 대한 인식이 아직 없던 때에 이런 명제들은 종종 서로 다른 시기에 서로 다른 사상가들에 의해 서로 독자적으로 발견되었다(가령 파스칼은 직선이고 브리앙숑Charles Julien Brianchon은 점이라고 할 수 있다).[26]

방금 다룬 기하학의 예를 **세 번째** 주석이라고 치자. 그것은 다음과 같은 주제에 대한 주석이다. 모든 감각적으로 파악되는 것

---

25) (역주) 마찬가지로, 서로 조화 관계인 네 개의 점이 있다고 하자. 그러면 이 각각의 점 네 개를 지나는 네 직선이 있고, 이들 네 직선이 앞의 네 점이 아닌 다른 점 하나와 만나면 이들 네 직선 또한 서로 조화 관계이다.

26) (역주) 파스칼의 정리와 브리앙숑의 정리를 가리킨다. 파스칼의 정리는 다음과 같다. 육각형의 여섯 꼭짓점이 임의의 원뿔곡선에 내접하려면 그 육각형의 세 쌍의 대변의 교점이 한 직선 위에 있어야 한다. 이와 쌍대적인 브리앙숑의 정리는 다음과 같다. 육각형의 여섯 변이 임의의 원뿔곡선에 내접하려면 그 육각형의 세 쌍의 마주 보는 꼭짓점을 이은 직선이 한 점에서 만나야 한다.

들, 나아가 사유에 의한 형성체에 있어서도 그 구성 요소들이 아니라 구조가 중요하며, 그 구성 요소들이 아니라 기껏해야 구조에 대해서만 어느 정도 확실한 소통은 가능하다. 이것이 **네 번째** 주석이다.

오늘날까지도 '할아버지들의 구닥다리' 같은 다음 전설이 여러 곳에서, 특히 어린이 교과서에서 (이런 경우에는 그렇게까지 엄밀하게 말하지 않아도 되기 때문에) 출몰하고 있다. 감각적으로 지각되는 우리의 주변 세계(이 목적을 위해서는 실재하는 세계로 생각하는 것이 좋을 것이다)에 있어서 두 가지 종류의 성질, 즉 1차 성질과 2차 성질을 손쉽게 구별할 수 있다는 것이다. 1차 성질은 형태, 상호 위치, 운동 등이고 2차 성질은 나머지 모든 성질들이다. 1차 성질과 관련해서는 우리 감각을 완전히 신뢰해도 좋지만, 2차 성질들은 우리 스스로 덧붙이는 자유로운 첨가물이라는 것이다. 비유적으로 말하자면, (그림을 그리기 위한 초안으로서) 선으로 윤곽만 그린 아몬드 빵 같은 것을 생각하면 된다. 아이들이 하는 것처럼, 그 윤곽선 안의 영역에는 자기 마음대로 수채화로 그려 넣을 수 있다.

이미 라이프니츠가 반박했지만 이런 선입견은 잘 사라지지 않는다. 우리는 이것이 틀리다고 증명하려 시도하지 않는다. 왜냐하면 그런 증명은 할 수 없기 때문이다. 은하계 바깥의 성운들 사이 어딘가에 사람 모습이면서 날개가 달린 존재들이 질질 끌리는 희고 긴 옷을 입고 아름다운 음악을 연주하면서 낙원에서처럼 살고 있다는 추정을 반박하지 못하는 것과 마찬가지이다.[27] 이 두 경우 모두 증명 부담은 모험적 주장을 하는 쪽 사람들에게 있다. 주변 세계의 형태와 운동에 대한 우리의 직관이 색채, 소리, 온도 등에 대한 직관보다 더 강력하게 '실재하는' 물체들의 세계 안에서 보증되어 있는 이유가 무엇인지 도통 모를 일이다. 우리의 감각의 세계 안에 실재하기는 이것이나 저것이나 마찬가지이다. 이 모든 경우에서 상호 소통은 아마 구조에 대해서만 확실하다고 제한되어야 하리라.

이처럼 거의 모든 사람들에 대해, 아니 동물들에 대해서도 상당 정도로, 우리 주변 환경의 구조는 정도 차이는 있지만 완전히 동일하다고 볼 수 있다. 왜냐하면 예를 들어 말을 타고 가는 사람 앞을 가로막으며 불길이 갑자기 튀어나오면, 혹은 예기치 않게 낭떠러지가 나타나면, 말도 놀라고 그 말을 탄 사람도 놀라기 때문이다. 이는 우리가 늘어놓을 수 있는 수천 가지 예 중의 하나에 불과하다. 그러나 이제 이러한 동일성은 어떻게 이해해야 하는가? 이런 완전한 일치가 우리의 세계가 공동 원인으로서 존재하기 때문

---

27) (원주) 루크레티우스가, 그리고 아마 에피쿠로스도 올림포스의 신들에 대해 이와 비슷한 상상을 했다.

이라고 보지 않는다면, 그저 기적이라고 보아야 하는가? (환각과 꿈을 제외한다면) 우리가 결코 오류에 떨어지지 않고 늘 확실하게 인식할 수 있는 어떤 기적으로 보아야 하는가?

아니다. 절대 그렇지 않다.

4장

동일성 교설, 그 빛과 그림자

우리가 앞에서 이야기한 모든 것과 마찬가지로, 이제 이 장에서 전개할 생각도 **논리적으로는** 그리 진지하게 받아들이지 않되 **윤리적으로는 한결** 진지하게 받아들여야 함을 미리 밝혀 두는 것이 필요하겠다. 처음부터 솔직하게 고백하건대, 이제부터는 형이상학을, 아니 신비주의를 멀리하지 않을뿐더러 다음에 이어지는 모든 이야기에서 이들을 끌어들일 작정이다. 물론 이런 고백만으로도 합리주의 진영으로부터, 즉 나의 동료 자연과학자 대다수로부터 격렬한 공격을 받게 될 것임을 잘 알고 있다. 이들은 잘해 봐야 다정하면서도 조롱 섞인 웃음으로 이렇게 말할 것이다. "여보게, 그거 아나, 이런 걸로 우릴 괴롭히지 말게. 물질적 세계가 공동 체

험의 원인이라는 지극히 자명한 가정에 훨씬 더 끌리게 될 뿐이
네. 이 가정은 억지스럽지 않지. 누구나 아주 소박하게 이런 가정
을 하는 것이고 이런 가정은 **형이상학이나 심지어 신비주의와는
그 자체로 무관하다네.**"

이처럼 예상 가능한 공격에 대한 나의 방어도 마찬가지로 다정
한 반격이자 선제공격이 될 것이다. 즉 방금 굵은 글씨로 강조한
주장이 틀리다는 것이다. 나는 앞선 장들에서 다음을 증명하려고
노력했다. **첫째**, (우리의 광범위한 공동 체험의 원인으로) 물질적 세
계를 가정하는 것은 우리가 이러한 공동성을 인식하는 데 어떠한
보탬도 되지 못하며, 이러한 [공동성의] 인식은 오히려 이 가정이
있거나 없거나 똑같이 존재한다. **둘째**, 내가 여러 차례 반복했듯
이 감각지각 및 의지와 관계된 우리 체험과 물질세계 사이의 가설
적 인과관계는 자연과학에서의 인과관계와는 전적으로 다르다.
조지 버클리(1685년생)와, 그리고 좀 더 명료하게는 데이비드 흄
(1711년생) 덕분에 이런 [자연과학적인] 인과관계가 관찰 불가능하
다는 것, 즉 이런 관계 자체는 '그것 때문에propter hoc' 관찰되는 것
이 아니라 다만 '그것 다음에post hoc' 관찰되는 것이라는 것을 깨닫
게 되었음에도 그것은 여전히 매우 정당하게 중요한 실천적 역할
을 하고 있다.[28] 바로 이러한 두 가지 이유 중 첫 번째 이유 때문
에 물질적 세계라는 가정은 형이상학적이다. 이 가정에는 [인과관

계이든 선후관계이든 관찰 가능한 것이 아무것도 상응하지 않기 때문이다. 그리고 **두 번째** 이유 때문에 이 가정은 신비적이다. 물질 세계에 대한 가정은 경험적으로 잘 갖춰진 두 대상들 사이의 상호 관계(원인과 결과)를 대상들의 쌍에 적용할 것을 요구하는데, 그중 단지 한 쪽(감각지각 또는 의지)만이 참으로 지각 또는 관찰 가능한 반면, **다른 한 쪽**(물질적 원인 또는 물질적 결과)은 그저 상상을 통해 구성된 것이기 때문이다.

요컨대 나는 우리 모두가 경험적으로 동일한 주변 환경 안에 있음을 이해하기 위해 실재하는 물질적 세계를 가정하는 일이 신비적이고 형이상학적이라고 선언하는 데 조금도 주저하지 않는다. 하지만 그런 가정을 하고 싶은 사람은 그래도 된다. 이런 가정은 다소 순진하고 많은 것들을 놓치게 되지만 그래도 편안하기 때문이다. 하지만 어떤 일이 있어도, 자기와 다른 입장들을 형이상학적이고 신비적이라고 비난하면서 자기 가정에는 그런 '약점'이 없다고 주장할 권리는 없다.

근대에 이와 다른 유형의 입장을 처음 내보인 것은 아마 라이프니츠의 단자론이었으리라. 내가 이해하는 바에 따르면, 그는 앞서

---

28) (역주) '그것 다음에 일어났으므로 그것 때문에 일어났다post hoc, ergo propter hoc'는 시간적 선후관계를 곧 인과관계로 판단하는 오류를 일컫는 라틴어다. 흔히 인과의 오류, 인과설정의 오류라고도 부른다.

자주 언급한 우리 체험의 상당 정도의 공동성에 대해 모든 단자들 안에서 일어나는 사건들의 예정조화(즉, 태초부터 확립된 본질적 동일성)를 통해 설명하고자 했다. 그리고 이 단자들은 서로에 대해 아무런 영향도 미치지 않기 때문에, 널리 알려진 표현대로 "창窓이 없다"라고 했다. 다양한 단자들, 즉 인간의 단자, 동물의 단자, 가령 심지어 하나의 신의 단자는 동일한 사건이 그들 안에서 일어날 때 그 사건이 얼마나 모호하거나 명료한지에 따라 구별될 뿐이다. 이러한 시도는(이것으로 무언가를 설명했다고 믿는다는 점에서) 물리주의적 시도보다 더욱 소박하다. 그럼에도 이 시도를 언급하는 이유는 오로지 프리드리히 테오도르 피셔가 이에 대해 매우 주목할 만한 논평을 했기 때문이다(《비판적 경로Kritische Gänge》, 제2판, II, Leipzig: Verlag der Weißen Bücher, 1914, 249쪽). 피셔는 이렇게 썼다. "왜냐하면 오직 하나의 단자만이, 모든 것 안에 있는 정신만이 있기 때문이다. 단자는 다수가 아니다. 물론 라이프니츠는 표상하는 (정신적) 통일체라는 단자 개념과 극심한 모순이 있음에도 다수의 단자들을 마치 서로 아무 소통이 없는 무생물인 양 서로 옆에 세웠다. 그래서 자신의 아이디어에서 나올 수 있었던 경이로운 귀결들을 차단해 버린 것이다. 하지만 그렇다고 해도 우리와 무슨 상관이겠는가?" 이런 말은 뒨처Heinrich Düntzer가 쓴 《괴테의 파우스트 등에 대한 분석Analyse von Goethes Faust und anderem》(Köln,

1836)에 대한 비판 중에 나온 것이다.

"단자는 오직 **하나**만 있다." 그렇다면 이 단자론 전체는 무엇이 되는가? 베단타 철학(또한 이보다 늦게 나왔지만 분명 이와는 독자적으로 출현한 파르메니데스 철학)이 될 것이다. 간단히 말해, 우리 생명체들은 모두 실은 유일한 존재의 측면들이나 양상들이므로 우리는 서로에게 속해 있다는 의견이다. 이 존재는 서양에서는 신이라고 부르고 우파니샤드에서는 브라만이라고 부르는 것이다.

인도에서는 보석의 비유를 자주 들었다. 수많은 각면角面을 지닌 보석이 **하나의** 대상을, 가령 태양[29]을 비출 때에는 수많은 이미지들이 나타나지만 이 이미지들은 거의 동일하다. 우리는 이것이 논리적 연역이 아니라 신비적 형이상학임을 이미 고백했다. (대개 외부 세계라고 말하지만, 자기 신체 역시 속하는) 실재하는 대상 세계라는 가정과 마찬가지로.

이런 사상은 베다의 서술에서는 기이한 브라만교 희생 제의들과 어리석은 미신들에 의해 무성하게 덮여 버렸다. 독일어로 번역된 최고의 문헌들, 즉 파울 도이센Paul Deussen이 옮긴 《베다의 여섯 개의 우파니샤드Sechzig Upanishads des Veda, aus dem Sanskrit

---

29) (역주) 독일어 원문에는 'Sinne(감각, 마음, 의미 등)'로 되어 있으나 이 경우 뜻이 닿지 않는다. 영역자는 'Sonne(태양)'의 오기로 보았는데, 이 번역에서도 이에 따른다.

übersetzt》(Leipzig: Brockhaus, 1921)와 《베다의 은밀한 교설*Die Geheimlehre des Veda, Ausgewählte Texte*》(제5판, Leipzig, Brockhaus, 1919)을 뒤져 보면 확인할 수 있다. 이런 것에 대해 여기에서 전하지는 않을 것이다. 그러나 이 점을 제외하더라도, 내게는 인도 사상가들이 이 '동일성 이론'으로부터 매우 진지하게 두 가지 귀결을 이끌어 낸 것으로 보인다. 그중 하나는 윤리적 귀결이고 다른 하나는 종말론적 귀결이다. 우리는 전자에 대해서는 아주 기꺼이 동의하지만 후자에 대해서는 거부해야 할 것이다.

윤리적 귀결은 다음의 독일어 운문 번역 속에 들어 있다. 이 번역은 쇼펜하우어 저작 어딘가에 있지만, 나는 이것이 베단타에서 나왔는지 아니면 이와 같은 정신을 담고 있는 바가바드기타에서 나왔는지는 확실히 모른다.

저 하나의 최고의 신성
모든 존재들 안에 있으면서
그들이 죽어도 살아 있는
이를 보는 사람은 각자覺者이다.
도처에서 최고의 신을 보는 사람은
자기 자신을 통해서 자기 자신을 상하게 하지 않음이다.

라틴어로는 다음과 같다.

Qui videt ut cunctis animantibus insidet idem

Rex et dum pereunt, hanc perit, ille videt,

Nolet enim sese dum cernit in omnibus ipsum

Ipse nocere sibi. Qua via summa patet.

(독일어와 라틴어 판본 모두 기억에 의존해 인용했다.) 이 아름다운 말에 별도의 논평은 불필요하다. 여기에서는 (단지 인간에 대해서만이 아니라) 모든 생명체에 대한 자비와 선의가 최고의 목표로 찬양되고 있다. 가령 알베르트 슈바이처의 '생명에 대한 경외' 사상과 같다. 슈바이처는 자기 자신이나 다른 사람이 자발적으로 굶어 죽는 일이 있어야만 이러한 궁극의 목표에 도달할 수 있음을 종종 강조했다. 내가 알기로 슈바이처는 일반적 윤리 법칙 안에 식물까지 포함시킨 최초의 인물이었다. "그러나 우리의 거친 풍토에서는 채식주의를 실천하면 건강을 해치게 된다"라고 아직도 말하는 많은 사람들처럼 미지근한 채식주의에 슈바이처는 만족하지 않았다. 사람들은 심지어 위대한 석가모니조차도 가령 친구들 집에 갔을 때 고기 밥상이 이미 차려져 있으면 거리낌 없이 같이 먹었다고 말하곤 한다. 그가 먹는 동물은 특별히 그를 위해 살해된 것이

아니기 때문이라는 것이다. 이런 태도에서 적어도 정직성만큼은 높이 평가할 수 있다. 우리 중 많은 사람들은 고기를 자주 먹거나 친구에게 대접하기를 원하므로, 돌아가면서 송아지, 돼지, 황소, 야생 짐승, 물고기, 날짐승을 스스로 도살해야 한다면, 아마 육식을 포기할 것이기 때문이다. 힌두교 신자들에게 직업상 사냥꾼이나 어부가 '불가촉천민' 바로 위의 카스트에, 즉 밑에서 두 번째 카스트에 속함은, 이해할 수는 있어도 위선적이고 수치스럽다고 여길 수밖에 없다. 왜냐하면 힌두교 신자들은 육식을 피하지 않았기 때문이다(불교 신자들은 육식을 피했으나 불교에는 카스트 제도가 없다). 자기가 향유하기 위해 물고기를 낚거나 짐승을 사냥하는 사람들이 때로는 자신이 추격한 그 작은 희생자가 고통스럽게 힘이 다 빠진 상태에서 무시무시한 죽음의 공포에 시달리는 것을 볼 때 이런 맥락에서 어떤 판단을 내려야 하는지에 대해서는 이야기하지 않겠다. (거위 간을 병적으로 끔찍하게 불려서 퍽이나 맛있게 만들려고) 몇 주 동안이나 거위를 '살찌우는' 형언할 수 없이 잔인한 일에 대해서도 이야기하지 않겠다. 또한 이런 일이 조용히 묵인되는, 즉 금지되지 않고 암묵적으로 승인되는 나라들에서 투우라는 이른바 '중세적 야만'에 대해 심하게 욕할 권리가 있는지에 대해서도 자세히 논하지 않을 것이다. 투우는 물론 잔인하다. (내가 듣기로는) 황소보다는 불쌍한 늙은 말들에게 더 잔인한 것이다. 하지만 투우보다 잔인한 것은 몰이사냥이나 푸아그라이다. 또 투우보다 잔인한 것은, 투우가 없는 나라로부터 (왜 그런지는 나는 모르지만) 더 높은 이윤을 남길 말고기 통조림으로 만들 나라로 나르기 위해, 늙은 말들을 며칠씩 배의 좁은 우리에 가두는 일이다. (늙은 말 중에서 허약한 말들은 좁은 우리에 갇힌 채 파도가 높은 바닷길에서 이리저리 흔들리다가 인간의 도움을 받지 못하고 죽어 버리는데, 이 시신을 어떻게 처리하는지는 영업상 비밀이다.)

우리 생명체 모두가 유일한 존재의 다양한 측면들 혹은 양상들일 뿐이라는 인도 철학의 증명 불가능한 이론으로부터 나오는 첫 번째 귀결, 즉 윤리적 귀결에 대해서는 이 정도로 하겠다. 앞서 말했듯이 알베르트 슈바이처와 더불어 우리가 기꺼이 동의하는 귀결이다.

또 다른 귀결, 즉 종말론적 귀결은 우리 앞에 되풀이해서 자주 나타나지만, 브리하다라냐카 우파니샤드에 나오는 다음 사행시에서 충분할 정도로 명료하게 나타난다. 파울 도이센의 번역이다.

정신 안에서는 이 점을 알아야 한다.
여기에서 다수성은 그 어떤 것도 없다.
여기에서 다수성을 보는 사람은
죽음에서 죽음으로 올가미에 걸려 있다.

이 시에 대해서는 설명이 조금 필요하다. 첫째, 여기에는 브라만교에 깊이 뿌리내린 영혼 윤회 신앙이 기초를 이루고 있다. 이 신앙을 철저히 거부하는 세계에서 태어난 사람들이 상상하는 것보다 이 신앙은 훨씬 널리 퍼져 있었다. '내세'에 대한 기대는 우리에게 전통적으로 안도감을 주었으나 브라만들에게는 걱정의 원천이었다. 우리가 자란 이 전통 전체와 정반대인 것이다.[30) 다음번생에서 어떤 역할을 맡고 어떤 운명을 겪을지는 모든 전생들에서의 모든 행위와 방임들(업)을 통해 정해진다고 생각했다. 이런 식의 '정의正義'는 다른 종교들의 신앙과 비슷한 점도 있다. 하지만 가령 기독교와 비교해 보면, 브라만교에서는 이 때문에 '삶의 재화들의 불균등한 배분'에 대해 무관심까지는 아니더라도 태연함을 가지게 되었다. 이런 식의 정의는 매우 귀족주의적이었고 '신앞에서 만인의 평등'에 대해서는 전혀 고려하지 않았다. 그대가 사제 계급인 브라만으로 태어난다면 (물론 그렇다고 매우 부유하다는 것은 아니지만, 다소 가난할 수도 있고 다른 브라만의 하인일 수도 있지만) 이 명예로운 지위는 전생에서의 공적 덕분에 주어진 것이 분명하다. 하지만 그대가 수드라('불가촉천민')나 심지어 들판의 토

---

30) (원주) 기원후 1세기 로마에서도 이와 유사한 생각이 있었다. 지옥에서 무시무시한 벌을 받으리라는 불안이 너무 깊어 루크레티우스 카루스는 저 유명한 교훈시에서 우리에게 위안을 주고자 했다. 죽으면 정말로 모든 것이 끝이다!

끼나 추한 두꺼비로 태어난다면, 이것은 그대의 잘못이다. 이는 전생에서 저지른 악행들에 대해 벌을 받는 것이다. 부정의가 너무도 뚜렷함에도 불구하고 이런 믿음 때문에 세계가 정의롭게 보이게 되었다. 이런 상황은 봉건귀족제와 어느 정도 비슷하다. 물론 브라만교에서 전생이 하는 역할을 봉건귀족제에서는 이전 세대들이 떠맡는다. 그대가 백작이나 영주라면, 선조 중 누군가가 국왕과 국가를 위해 공을 세우고 작위를 받았기 때문이고 그 선조의 후손들이 그대에 이르기까지 큰 잘못을 저질러서 왕으로부터 작위를 박탈당하지 않았기 때문이다. 어쩌면 고귀한 지위를 지닌 그들은 정말로 나라를 위해 공적을 세웠을 것이다. 하지만 평민에게는 그럴 기회 자체가 드물었다. 물론 가련한 두꺼비가 어떻게 도덕적 품행을 통해서 다시 산토끼로 상승하고, 또 산토끼는 적어도 수드라로 어떻게 상승할 수 있을지는 그 자체로 또 다른 문제이다.

이런 설명은 모두 예비적 논평일 뿐, 앞의 사행시에 직접 포함되어 있지는 않다. 내가 이미 말한 것처럼, 태어남과 죽음이라는 영원한 순환은 브라만교 신자들에게는 걱정의 원천이었다. 그 순환을 끊고 '해방'을 통해, 우파니샤드에서 꿈 없는 깊은 잠에 비교하는 상태, 불교 신자들이 열반이라고 부르고, 기독교와 많은 신비주의자들이 신에게로 감 혹은 신과의 합일이라고 부르는 상태로 들어가는 것이 목표이다. 꿈 없는 깊은 잠이라는 비유는 깊은 생각에 잠기게 한다. 루크레티우스의 "죽으면 모든 것이 끝이다"라는 말과는 대체 어떤 차이가 있는가? 고대 문헌들이 어딘가에서 나의 의견을 분명하게 표현하고 있는지는 모르겠지만, 나의 의견에 따르면 여기에는 깊은 행복감, 아니 진정한 희열감이 기초에 놓여 있다. 아주 피로해진 젊은이가 꿈 없는 깊고 오랜 잠을 통해 새롭게 생기를 얻어 깨어나는 느낌이다. 그는 자기가 잠든 것이 방금 전이 아님을 느끼고 안다. 분명 잠든 지 여러 시간이 흘렀다고 확신한다. 물론 이 시간에 대해 아무것도 말할 수 없고 그에 대해 기억도 없지만 자기에게는 아주, 아주 좋았다는 느낌은 확실하다.

자, 이제 마침내 저 사행시의 의미를 살펴보자. "여기에서 다수성은 그 어떤 것도 없다." 이는 한마디로 신비적이고 형이상학적인 우파니샤드 교설 자체이다. 감각을 가진 존재의 다수성이란 단지 가상(마야)일 뿐, 그들은 실제로는 모두 **하나의** 존재의 여러 양상들일 뿐이다. 진정 의심스러운 종말론은 3행과 4행에서 이야기된다. 해방을 위한, 즉 생사의 영원한 순환을 끊기 위한 불가피한 전제 조건은 이 신비주의적 교설을 진정 깨닫고 이해하는 것, 그저 입으로만이 아니라 온 영혼을 다해 이를 받아들이는 것이다.

이는 진정 의심스럽다. 이는 '인식에 의한 해방'이다. 루터가 말하는 '신앙에 의한 구원'(그러나 신앙은 의지에 달린 것이 아니다)보다, 혹은 아우구스티누스가 말하는 구원보다, 즉 이를 이루거나 피하기 위해 당사자가 역시 아무것도 할 수 없는 '하느님의 은총의 선택에 의한 구원'보다 더 나쁘거나 적어도 그와 같은 정도로 좋지 않다. 이 둘은 베단타 철학의 인식을 통한 해방과 상당히 유사하다. 그러나 우파니샤드 교설을 진리로 여기는 사람 자신의 관점에서 보면, 인식을 통한 해방은 이 중에서 가장 좋지 않다고 할 수 있다. 인식은 지성을 전제하고 그뿐 아니라 깊은 사유를 할 수 있는 여가를 전제하기 때문이다. 아우구스티누스의 은총의 선택은 순전한 추첨이다. 그리고 루터의 신앙에 의한 구원도, 신앙이 자기 공적이 아니라 신의 은총을 통해 생기기 때문에 마찬가지로 추첨이다. 그래서 인식을 통한 해방은 이 둘보다 더 나쁘다고 볼 수 있다. (여기에서는 순전히 논리적 진리에 대한 인식이 아니라 신비적이고 형이상학적인 교설에 대한 인식을 이야기하는 것이긴 하지만) 순전히 논리적 진리의 인식조차도 단순한 추첨이 아니라 '변조된 주사위'를 가지고 하는 게임이다. 지능이 높은 자가 유리하고 나아가 부유한 자가 유리하다. 자기가 살기 위해 해야 하는 일들을 다른 사람들이 대신해 주는 동안 그 자신은 형이상학적 사변에 전념할 수 있기 때문이다. 물론 다른 한편으로 베단타의 구원 이론은 한층 더 자비롭기도 하다. 왜냐하면 이런 희망을 단 한 번의 짧은 생에만 제한해 두지 않기 때문이다. 이번 생에서 성공하지 못하면 순환은 영원히 계속된다. 그리고 그것이 **어떻게** 계속되는지는 자신의 행동과 방임(업)이 결정한다. 이렇게도 생각할 수 있다. '선한 행위들'을 통해서 주어지는 인생 속에서 비로소 지능과 여가와 진정한 노력이 가능해지고 그다음에 이를 토대로 마침내 동일성 이론을 이해하고 해방을 얻을 수 있게 될 것이다. 그렇기는 해도 '홀로 구원받음'이라는 뒷맛은 여전하다. 그러나 어쩌면 좋은 종교이건 나쁜 종교이건 모든 참된 종교가 그런 것이리라.

오늘날 베단타의 세계관을 받아들이고자 하는 사람에게는 무엇보다도 영혼 윤회라는 사유 모티프는 제거하라고 권하고 싶다. 그것을 기독교가 거부해서가 아니다. 첫째, 오늘날 기독교는 기독교인들이 믿는 것보다는 훨씬 덜 퍼져 있다. 둘째, 우리는 적어도 산상수훈의 정신적 계승자인 만큼은 고대 그리스의 정신적 계승자이기도 하다. 그리고 산상수훈 원문은 그리스어로 기록되었는데, 그것도 아리스토텔레스나 플루타르코스의 고대 그리스어가 아니라, 알렉산더의 행군 이후 수백 년 동안 지중해 동부 지역과 근동 지역의 공통어lingua franca이던 아름답고 단순한 민중어이다. 이 고대 그리스에서 영혼 윤회 사상은 전혀 낯설지 않았다. 이는 피타고라스학파의 전승에서도 알 수 있다. 그러나 영혼 윤회 사상을 기억의 완전한 말소라고 여긴다면 논리적으로 무의미하다. 그래서 사람들은 그 학파의 지도자 피타고라스처럼 특출한 사람이 정말로 전생을 기억하는 환상의 힘을 지녔다고 생각했다. 아니, 심지어 한 번도 보지 못한 사물이나 공간을 다시 알아보는 것을 통해 이런 윤회에 대한 증거를 내놓았다고까지 말했다! 내가 보기에 그들은 적어도 가끔은 이례적인 사례들을 알아봄으로써 과거를 기억하지 못한다면 이 **특수한 형태의** 동일성 주장 자체가 토대를 잃을 것이라고 느꼈을 것이다. 여기에서 많은 점이 연상된다. 플라톤 대화편에 나오는 소크라테스의 저 아름다운 견해, 즉 배움은 바로 이전에 알았지만 잊었던 것을 상기하는 것이라는 견해도 그렇다. 오늘날 진화론과 동물심리학에서 중요한 역할을 하는 종 기억이 이로부터 연상된다. (여기에서 리하르트 제몬의 두 저서를 떠올리지 않을 수 없다. 《므네메》(Leipzig, 1904)와 《므네메 감각》(Leipzig, 1909)이다. 제몬에 대해서 생물학적 관점에서 다음과 같은 비판이 가해졌다. 그가 많은 현상들을 기억과 유비라고 보는 것이 별 가치가 없다는 것이다. 기억 자체가 바로 가장 이해가 덜 된 생물학적 현상이기 때문이다. 그러나 내가 보기에 이것은 모든 원자핵이 양성자–중성자라는 일종의 양서류兩棲類로 이루어졌다고 확인하는 일이 우리가 바로 이 미립자들에 대해 아직 잘 모르므로 별 가치가 없다고 말하는 것과 같다.)

그러나 어쨌든 지금 매우 비참한 상황에서 살고 있는 사람이, 아니면 심지어 지금 살아 있는 두꺼비가, 자기가 하나도 기억하지 못하는 이미 죽어 버린 죄인의 악행을 대속하고 있다는 것은 엽기적으로 보인다. 우리는 이 **특수한 형태의** 동일성 이론을 반드시 버리고 위에서 강조한 귀족주의적 태도를 버려야 한다. 또한 학식을 통해 생사의 순환에서 해방된다는 생각도 버려야 한다. 왜냐하면 그런 순환은 없기 때문이다. 물론 이와 같이 구제불능인 세계의 사건들이 소위 정의롭다는 생각도 버려야 한다. 그러나 위에서 독일어와 라틴어 번역으로 인용한 것과 같은 아름다운 통일성의 사상 혹은 절대적 연관성의 사상은 남는다. 이에 대해 쇼펜하우어는 이 사상이 자신이 삶에서 가지는 위안이자 죽음에서 가지게 될 위안이라고 말한 바 있다. 이와 동시에 이 사상 역시 신비적이고 형이상학적이기는 하지만, 실재하는 외부 세계가 하는 역할을 대신한다. 이런 외부 세계에 대한 표상과 마찬가지로 외부 세계가 하는 역할도 흥미롭기는 하지만, 어떠한 자연스러운 윤리적 장점도 가지지 못한다.

5장

경이의 두 가지 동기, 대체 윤리학

잠정적으로 한번 요약해 보자. 두 가지 독특한 사실이 있다. 그 각각이 자기 나름대로 경이롭다. 이 두 가지 사실을 날카롭게 구별하는 것이 중요하다. 왜냐하면 이 사실들이 매우 비슷한 말들로 서술되고 있어서 쉽게 혼동될 수 있기 때문이다. 나의 이 연구에 어떤 참신한 내용이 있다면, 일차적으로 이 두 사실을 반드시 구별해야 한다는 지적이다.

첫 번째로 경이로운 것은, 명료하게 사유하는 사람이라면 아무도 부인하지 않는 것이지만, 나의 의식 영역이 모든 다른 의식 영역들로부터 절대적이고 완전하게 봉쇄되고 분리되어 있음에도 불구하고, 우리는 외부적이라고 부르는 우리 체험 계열의 어떤 부분이 상당 정도 구조적으로 일치함을 필연적으로 **인식**하고 이에 대해 "우리 모두 같은 세계 안에서 산다"라는 간명한 표현으로 말한다는 사실이다. 위에서 짧게 묘사한 대로, 이러한 일은 모방 충동에 의해 야기된 공동의 언어의 생성과 발전에 힘입은 것이다. 이런 과정을 우리는 성장하는 어린아이에게서 늘 새롭게 관찰한다. 그래서 우리는 그것을 의심할 수 없다. 아니 나아가 우리의 경이가 이런 습관 때문에 무뎌질 위험까지 있다.

이처럼 의식 영역들의 절대적 분리에도 불구하고 학식이 높고 사유가 깊은 사상가가 아니라 아직 학교도 다니지 않는 아이들까지도 경이롭게도 이런 공동성을 인식한다. 그러나 이 경이로운 방식과 세심하게 구별해야 할 것이 있다. 그것은 감각 영역들의 분리에도 불구하고 그 영역들의 이른바 외부에 관련된 부분이 상당 정도 일치함이 혹은 평행함이 **존재**한다는 사실 그 자체이다. 어떻게 그럴 수 있는가? 아니면 [이런 평행이 존재한다기보다는] 우리가 앞 장에서 묘사한 길을 통해 이 평행 자체를 끌어들이는 것은 아닐까? 당신은 나를 포함해 모든 것을 꿈꾸고 있고 나는 당신을 포함해 모든 것을 꿈꾸고 있는데, 이 꿈들이 너무 정교해서 우리 꿈들이 서로 일치하는 것은 아닐까? 하지만 이런 것은 어리석은 언어유희에 불과하리라.

그러면 이들[일치를 인식함과 일치가 존재함]은 정말로 두 가지 경이로운 사실이다. 내가 보기에 첫 번째 사실은 언어를 통한 소통을 개체발생에 있어서, 그리고 가능한 한도까지 계통발생에 있어서 추적한다면 학문적이고 합리적으로 이해할 수 있다. 누군가 이 첫 번째 사실이 이미 두 번째 사실을 전제로 한다고 말한다면, 나는 굳이 반대하지 않을 것이다. 하지만 내게 본질적으로 보이는 것은 두 번째 사실이 합리적으로 파악 **불가능**하다는 점이다. 우리는 이 사실을 이해하기 위해 두 가지의 비합리적이고 신비적인 가설로 나아갈 수 있다. 첫째는 이른바 실재하는 외부 세계라는 가설이고 둘째는 우리 모두가 실은 일자의 다양한 측면이라는 가정이다. 나는 이 두 가정이 사실은 똑같은 것을 겨냥하고 있다고 생각하는 사람과 굳이 논전을 벌이지는 않을 것이다. 그렇게 생각하는 것은 범신론이고 이때 일자는 신-자연이다. 그러나 그렇게 생각하면 첫 번째 가설(실재하는 외부 세계) 역시 형이상학적 성격을 지녔음이 제대로 인정하는 것이고 따라서 통속적 물질주의로부터 아주 멀어지는 것이다. 그러나 진정한 윤리적 귀결을 끌어내기는 두 번째 형태(동일성 교설)가 훨씬 쉽다.

동일성 교설이 신비주의적이고 형이상학적으로 **보인다**는 것은 인정해야 한다. 체험의 공동성은 다양한 정도가 있는데, 이 교설에 따르면 이 현상이 잘 이해되지 않는다. 내가 파크슈트라세 6번지에 산다고 치자. 나의 일반적 관심들 중 많은 것을 공유하는 절친한 친구가 그 옆의 파크슈트라세 8번지에 산다. 우리는 일주일에 서너 번 만나서 같이 소풍을 가고 여행을 가기도 한다. (애석하게도 이 이야기는 허구이다.) 그러면 우리 둘은 정말로 매우 '같은 세계' 안에서 살고 있다. 역시 나와 비슷한 일에 관심을 가지지만 LA에 사는 절친한 친구와 나 사이에는 이런 일이 덜하다. 또한 파크슈트라세 6번지에 살지만 은퇴한 은행원으로 주로 우표와 축구복권에 관심이 있는 우리 건물의 훌륭한 관리인과 나 사이에도 덜하다. 내가 산책할 때마다 따라 나서고 그때마다 정신 나간 듯이 짖으면서 펄쩍펄쩍 뛰는, 나를 좋아하는 강아지와 나 사이에도 많은 것이 연결되어 있다. 감정 면에서도 그렇다. 왜냐하면 혼자보다는 강아지와 있을 때 이 건강을 위한 운동을 훨씬 기분 좋게 하기 때문이다. 하지만 이렇게 나아가면 다음과 같은 경우들에 다다른다. 나와 데이비드 흄, 나와 프리드리히 실러, 나와 데모크리토스, 나와 크세노파네스. 세계 실재성 가설은 이처럼 공동성의 정도에 큰 차이가 있음을 적어도 어느 정도는 매우 자연스럽게 설명할 수 있다. 왜냐하면 이 가설은 공간과 시간의 실재성을, 혹은 굳이 말하자면 시공간의 실재성을 포함하기 때문이다. 이에 비해 동일성 교설에 따르면, 이런 차이들을 설득력 있게 설명하기 위해서는 한층 깊은 사유가 필요하다. 이런 사유는 아직도 제대로 이루어지지 않았다. 하지만 내가 보기에 이런 결점은 동일성 교설이 지니는 비견할 수 없이 한결 높은 윤리적 내용과 비교해 볼 때, 그리고 이 교설이 우리의 허망한 삶에 제공하는 저 깊은 종교적 위안과 비교해 볼 때, 사소한 결점에 불과하다. 이런 윤리적 내용과 종교적 위안은 모두 물질주의에는 결여되어 있다. 많은 사람들은 이렇게 스스로를 설득하려고 한다. 어쩌면 생명이 사는 혹성을 거느릴 수도 있는 저 헤아릴 수 없는 항성들, 그리고 그런 헤아릴 수 없는 항성들을 각각 거느린 무수한 은하계들, 그리고 마지막으로 아마 유한할 저 우주라는 천문학적인 사유 이미지가, 맑은 밤하늘의 무수한 별들을 바라보는 저 형언할 수 없는 경험이 감각적 직관에 일종의 윤리적, 종교적 통찰을 제공할 수 있다고. 그러나 나 개인적으로 보기에는 이 모든 것은 마야이다. 매우 법칙적이고 흥미로운 마야이긴 하지만. (매우 중세적으로 표현한다면) 나의 영원한 부분과 그것은 별 상관이 없다. 그러나 이건 관점의 차이이리라.

나아가 또 인정할 것은, 우리가 사는 세계의 이 공동성을 형이상학적으로 어떻게 이해하건 간에, 이 공동성만으로도 일종의 윤리학에 도달한다는 것이다. 나는 이를 대체 윤리학이라고 명명하고자 한다. 우리는 늘 경험한다. 이러한 세계의 공동성 때문에 우리는 서로에게 물리적으로(그다음에는 심리적으로도) 커다란 고통을 줄 수 있으며, 혹은 서로 돕고 기쁘게 할 수도 있다는 것을. 그저 서로의 말을 경청하기만 해도 그렇다. 그러니까 (언어적 소통이 한번 이루어지면) 인간은 매우 기꺼이 이야기를 하고 때로는 기꺼이 대답을 듣고자 한다. (가장 끔찍한 형벌은 책이나 타자기도 없이 독방에 오래 있는 것이다. 책이 있으면 적어도 저자의 말을 들을 수 있고 타자기가 있으면 미래의 독자에게 잠재적으로나마 말할 수 있기 때문이다.) 이제 일반적으로 본다면, 자기가 다른 사람들에게 잘 대해 주기 위해서는 커다란 노력을 치러야 하지만, 그래서 그들이 자기에게 잘 대해 줄 때 얻는 행복은 이보다 더 크다. 거꾸로 말하자면, 자기보다 다소 강하거나 심지어 압도적으로 막강한 제3자로부터 자기가 받을 위험을 감수하기보다는 차라리 다른 사람을 괴롭히는 일을 아예 즐기지 않게 된다. 모든 사람은 자연스러운 호혜성을 염두에 두어야 하기 때문이다. 따라서 예외적인 경우를 제외하면, 인간은 순전히 합리적으로 생각하더라도 서로 예의 바르게 행동하게 되며 이런 행동은 보통은 매우 윤리적이라는 인상을 불러일으킨다. 수많은 통속적 속담도 이런 대체 윤리학을 담고 있다. 가령 "다른 사람이 네게 해 주기를 원하지 않는 일을 다른 사람에게도 행하지 말라"라든가 "선행은 이자를 낳는다" 같은 말이 있다. "모자를 벗어 손에 든다면 온 나라를 여행할 수 있다"[31]라는 말조차 이들보다 낫지는 않다. 이는 누구 앞에서나, 특히 힘 있는 사람

---

31) 공손하면 어디서나 대접받는다는 독일 속담이다.

앞에서 순종하는 태도를 꾸며 낼 것을 요구하는 것과 그리 다르지 않기 때문이다. 세계문학에서 아마 가장 유명한 소설에서 산초 판사가 하는 말들은 때때로 이런 통속적 문장들로 빈틈없이 짜인 직물과 같다. 이런 말들을 훑어볼 때 찾을 수 있는 무수한 모토들은 거의 유용성의 도덕이라고 부를 수 있을 대체 윤리학이라 할 수 있다. 물론 이 심성 고운 기사 종자從僕의 장광설이 지닌 애교 넘치는 익살을 높이 평가할 수 있으려면, 그저 스페인어를 잘 아는 것만으로는 부족하다. (서너 세기 이전의) 그 시대 스페인 속담들을 아주 생생하게 알아야 하는데, 이 속담들은 틀림없이 매우 풍부했고 아마 아직까지 그럴 것이다. 여기에서 그럴 수는 없지만 이 책을 자세히 들여다본다면, 우리는 이 멋진 산초가 유용한 속담들을 입에 달고 살며, 아주 불쾌하지만 진짜 잔인하지는 않은 일들, 가령 '담요 말이ser manteado'는 아주 무서워하는 성격적으로 겁이 많은 사람이면서도, 자기 주인을 위해 피할 수 없다면 (물론 불평과 눈물을 빼놓지는 않지만) 두들겨 맞고 찔리는 일까지 감수하는 억센 사나이임을 알게 된다. 그러니까 외부 세계의 실재나 자기와 비슷한 다른 자아들의 실재와 같은 통상적 가설에서 나오는 이런 **대체 도덕**도 너무 얕잡아 보지 않는 것이 좋을 것이다. 없는 것보다는 뭐라도 있는 것이 낫다. 하지만 우리에게는 앞에서 독일어와 라틴어 번역으로 살펴본 짧은 시에서 이야기하는 도덕, 가련한 염세주의자 쇼펜하우어가 삶과 죽음 모두에서 자기의 위안이라고 표현한 저 도덕이 더 고귀해 보인다. 물론 쇼펜하우어가 이런 높은 윤리를 스스로 실천했는가는 또 다른 문제이다. "노파는 죽었고 짐은 사라졌다obiit anus, abiit onus"라는 저 악명 높은 일기는 그가 꼭 그렇지만은 않았음을 보여 준다(이 일기는 쇼펜하우어가 분이 치밀어 가정부를 계단에서 밀어 떨어뜨린 후 그 보상으로 매달 배상금을 물다가 마침내 그 가정부가 죽자 썼다는 이야기이다). 물론 나는 개인적인 관계에서는 쇼펜하우어보다 차라리 산초를 만나는 게 나을 것 같다. 그가 더 예절 바른 남자였기 때문이다. 그러나 쇼펜하우어의 책들은 아름답다. 갑자기 미신적인 광기가 튀어나오지만 않는다면. 하지만 저 고대 인도의 아름답고 단순한 동일성 교설이 나중에 전개되어 간 과정 자체가 우리에게 알려 주는 것처럼, 그것은 슬픈 운명처럼 보인다. 어떤 어처구니없고 터무니없는 생각이라도 부드럽게 문을 두드리면 쉽게 문을 열어 주는 것이다. 물론 "기적은 신앙의 가장 사랑스러운 자식이다." 허약하고 어지럼증을 느끼는 인간 정신은 믿음이 예민하고 섬세하고 추상적이고 숭고할수록 더욱 겁에 질려 저 기적과 같은 지지대를 붙드는 것이다. 그것이 아무리 우둔하더라도.

해제: 슈뢰딩거가 남긴 서 말의 구슬

장회익(물리학자, 서울대학교 명예교수)

인류 지성사에서 슈뢰딩거만큼 큰 행운을 얻은 사람도 드물 것이다. 소중한 지적 업적을 보배에 비유한다면 슈뢰딩거야말로 초대형 보배들에 묻혀 지낸 사람이라 할 수 있다. 인류 지성사의 유례없는 지적 혁명기에 그 혁명의 최전선에서 가장 영예로운 성과를 내놓은 몇 사람 가운데에서도 그를 빼놓을 수 없다. 그가 남긴 성과는 바로 양자역학이라는 이름으로, 그 가운데서도 특히 '슈뢰딩거 방정식'이라는 이름으로 역사에 길이 전해지게 되었다. 그리고 그가 쓴 《생명이란 무엇인가》라는 책은 왓슨과 크릭을 비롯한 현대 분자생물학 창시자들에게 엄청난 영감을 불어넣어 20세기 지성사에 또 하나의 혁명을 이끌어 내기도 했다. 학문을 하는 사람으로서 그가 찾아낸 보배의 십 분의 일만 한 것이라도 찾아낼 수 있다면 지극히 다행스러운 일일 것이다.

그런데 정작 슈뢰딩거 자신은 이것이 자기가 의도했던 학문의 목표가 아니었던 것처럼 말한다. 이번에 번역 출간되는 이 책 《슈뢰딩거 나의 세계관》의 간결한 머리말을 읽어 보면, 이 책이야말로 그가 겨냥했던 학문의 목표, 그의 표현으로는 그가 아주 오래 품어 왔던 소망을 실현시키는 작업의 소산이라고 말한다. 20세기 물리학에서, 그리고 인류 지성사에서 그렇게도 중요하게 거론되는 그의 업적은 오히려 자신의 계획에 차질이 생김으로써 막간에 얻게 된 의외의 성과 정도로 여기는 듯한 느낌이다.

실제로 이 책은 두 부분으로 나뉘는데, 그의 이 말을 입증이나 하듯이 두 부분의 집필 시기는 35년이라는 긴 기간 서로 떨어져 있다. 마치 글을 쓰다가 급한 일로 잠시 중단했던 것인데, 그 기간이 그만 그렇게 길어지고 말았다는 것이다. 그런데 슈뢰딩거의 숨 막힐 듯한 학문적 업적이 바로 이 기간 안에 이루어졌다. 그러니까 그는 이 중요한 업적을 이루어 낸 작업을 그저 막간에 끼어든 일 정도로 폄하하면서, 그것 때문에 본업이 그만큼 지체된 것을 오히려 아쉬워한다. 오직 그는 "이 논문들은 두 집필 시점 사이에 내가 공공연하게 주장해 온 여러 생각과도 연관을 맺고 있다"라고 말함으로써 이 중간 기간에 이루어진 일들이 이 책의 내용과 전혀 무관하지는 않다는 정도의 인정을 하고 있다.

이 책을 가만히 읽다 보면 정말 이 사람이 우리가 아는 슈뢰딩거가 맞는가 싶을 정도로, 그의 주된 업적과 철저히 단절되어 있다. 물론 주제의 성격이 다를 경우 굳이 연결시키지 않는 것은 탓할 바 아니지만, 사실 그가 관여해 온 양자역학이나 생명에 관한 내용은 그가 이 책에서 논의하는 주제와 좀 더 깊은 차원에서 연결될 소지가 적지 않은 것이기에 많은 아쉬움과 궁금증을 남긴다. 어느 사람의 말을 빌리면 양자역학이 출현한 이래 많은 사람들은 이것과 동양의 지혜를 연결하려 했는데, 정작 동양의 지혜를 처음부터 깊이 숭상해 온 슈뢰딩거는 자기가 만들어 낸 양자역학에 이것을 연결시킬 생각을 전혀 하지 않는 듯하다.

그러나 우리는 이 점에서 오히려 슈뢰딩거의 학문적 성실성을 읽을 수 있다. 그는 섣불리 이러한 연관을 지을 계제에 있지 않다고 판단한 것이다. 사실 많은 사람들이 양자역학에 대해 수많은 이른바 '해석'들을 내놓고 있지만, 그리고 이들 가운데 적지 않은 것이 동양의 신비주의와 관련을 맺고 있지만, 그가 보기에 이것들은 모두 사태를 제대로 파악하지 못한 데서 오는 빗나간 시도들이라는 것이다. 그는 여러 주제들을 섭렵하고는 있지만 오히려 각 주제에 대해 할 수 있는 말만 하겠다는 입장을 취한다.

그렇다고 하여 그가 지극히 과학적이고 논리적인 말만 하는 것은 아니다. 사실 그 반대에 가깝다. 그는 과감하게 과학과 논리를 뛰어넘는 이야기들을 하며 또 황당하리만큼 과격한 추측들도 거침없이 쏟아 낸다. 어쩌면 그의 이런 과감한 자세가 그토록 놀라운 학문적 성취를 가능케 했을 수도 있다. 그러나 그는 자신이 찾아낸 이 모든 학문적 보배들을 한 줄에 엮어 통합적 체계로서의 학문을 이루어 내는 일을 자신의 과업이라고 생각하지는 않았다. 그는 그저 직관이 인도하는 대로 여기저기 중요한 광맥들을 탐색하여 낯선 보배들을 찾아내는 일에 충실했고, 바로 그 일에 크게 성공했다.

그 가운데서도 이 책은 그가 본업으로 생각했고 어쩌면 제일 중요하다고 여겼던 광맥에서 마지막으로 시도한 탐색의 내용을 전달하고 있다. 그러나 즉석에서 세계를 놀라게 했던 앞선 성취들과는 달리 아직은 이 안에 진정한 보배가 들어 있는지 혹은 그저 보배처럼 보이는 돌덩이에 불과한 것인지를 판정하기 어려운 상황에 있다. 슈뢰딩거 자신 또한, 이것이야말로 앞선 어떤 것과도 비교할 수 없는 진정한 보배라고 생각하면서도, 이것을 그렇게 명료하게 입증할 수 없다는 점에 많은 고뇌를 느꼈고, 이를 진솔하게 토로한다.

그렇다면 이 책 안에는 과연 무엇이 적혀 있는가? 이는 당연히 독자가 직접 읽고 판정해야 할 것이지만, 간단히 그 요지 몇 가지만 이야기한다면 다음과 같다.

먼저 제1부 〈길을 찾아서〉에서는 자아에 대한 진지한 물음을 제기한다. 그는 자아를 논하면서, 모든 신체 중 하나의 신체가 유일하게 자아를 경험할 특성을 가지게 되는데, 어째서 이 하나의 신체가 그렇게 특별한지를 묻고 있다. 우리는 흔히 사람마다 신체를 가지고 있어서 자아도 여럿이라고 생각하지만, 이는 우리가 그렇게 생각할 뿐 자아는 결국 하나뿐이라는 것이다. 이를 고대 인도의 지혜와 현대 과학이 말해 주는 여러 이유를 들어 설명한다. 그리고 그는 세계는 자아를 떠나 별도로 있는가에 대해 묻고, 그 해답으로 자아와 세계는 별도로 있을 수 없다고 말한다. 그리고 이러한 것들은 결코 논리적으로 논증될 것이 아니라 체험을 통해 얻어야 하는 것이라는 점을 인정하면서, 논리적 사고만으로는 현상의 토대를 포착할 수 없다는 점을 강조한다.

그리고 다시 35년 후에 이어 쓴 제2부 〈무엇이 실재인가?〉에서는 사유와 존재 혹은 정신과 물질이라는 이원론을 포기해야 한다는 주장을 강력히 제기한다. 그는 그 이유로서 물질적 사건이 어떻게 감각이나 사유로 바뀌는지 전혀 통찰할 수 없다는 점을 들고 있다. 이렇게 될 때 많은 사람들 특히 과학자들은 물질 일원론으로 빠지게 되지만, 그는 오히려 정신을 우선으로 보는 관점을 취한다. 그가 매우 경이롭게 보는 사실은 "나의 의식 영역이 모든 다른 의식 영역들로부터 절대적이고 완전하게 봉쇄되고 분리되어 있음에도 불구하고, 우리는 외부적이라고 부르는 우리 체험 계열의 어떤 부분이 상당 정도 구조적으로 일치함을 필연적으로 인식"하게 된다는 점이다. 그는 이러한 일치가 단지 인식될 뿐 아니라 이러한 일치가 존재한다고 보고, 그 이유로 "우리 모두가 실은 일자의 다양한 측면"이라는 이른바 '동일성 교설'을 내세운다. 그리고 이것이 "우리 생명체들은 모두 유일한 존재의 측면들이나 양상들이므로 우리는 서로에게 속해 있다"라는 인도 베단타 철학에 바탕을 두고 있다고 말한다. 이러한 교설은 다분히 신비적이고 형이상학적이지만, 이 안에서 우리는 윤리적 내용과 종교적 위안을 얻게 된다는 점을 강조한다.

이처럼 슈뢰딩거는 자신도 인정하듯이 과학적 사실이나 논리적 연관에 무관하게 스스로 본질적이라고 생각하는 문제에 대해 과감히 도전하고 자신만의 독특한 해답을 제시한다. 그런데 이 안에 과연 진정한 보배가 담겨 있을까? 슈뢰딩거 자신이 이 땅을 떠난 지도 이미 반세기가 지난 지금, 이를 판정하는 것은 오롯이 우리 독자들의 몫이다. 여기에 필자의 생각 하나를 보탠다면, 이 안에 지금까지는 그 누구도 그 가치를 알아보지 못한 진정한 보석들이 묻혀 있으리라는 느낌이다. 사냥개가 다른 맛난 먹이들을 제쳐 놓고 어느 한 곳에 집착하여 파헤치기를 시작했다면, 그곳에는 필시 그 무엇인가가 있음이 분명하다. 내가 보기에는 슈뢰딩거야말로 그 누구보다 뛰어난 지적 후각을 지닌 탐지견이었다.

이제 우리에게 남은 일은, 단지 그가 파헤쳐 놓은 원석들을 갈고 다듬어 그 안에 숨은 진정한 보석들을 발굴하는 일뿐 아니라, 그것들을 그가 일찍이 찾아낸 다른 보석들과 함께 하나의 단단한 실에 연결하여 진정 우리의 삶을 아름답게 장식할 더 큰 보배로 엮는 일이다. 슈뢰딩거가 우리에게 구슬 서 말을 남겼다면, 꿰어 보배를 만드는 것은 당연히 우리의 소관이다.

찾아보기

슈뢰딩거 나의 세계관

초 판 1쇄 발행 | 2013년 11월 4일
개정판 1쇄 발행 | 2024년 3월 29일

지은이 | 에르빈 슈뢰딩거
옮긴이 | 김태희
펴낸이 | 이은성
펴낸곳 | 필로소픽
편 집 | 이상복, 구윤희
디자인 | 백지선, 다든

주 소 | 서울시 종로구 창덕궁길 29-38, 4-5층
전 화 | (02) 883 - 3495
팩 스 | (02) 883 - 3496
이메일 | philosophik@naver.com
등록번호 | 제2021-000133호
ISBN 979-11-5783-334-4 93100

필로소픽은 푸른커뮤니케이션의 출판 브랜드입니다.